中华人民共和国合伙企业法

（实用版）

中国法制出版社
CHINA LEGAL PUBLISHING HOUSE

图书在版编目（CIP）数据

中华人民共和国合伙企业法：实用版/中国法制出版社编.—3版.—北京：中国法制出版社，2018.8（2023.5 重印）
ISBN 978-7-5093-9722-0

Ⅰ.①中… Ⅱ.①中… Ⅲ.①合营企业-企业法-中国 Ⅳ.①D922.291.91

中国版本图书馆 CIP 数据核字（2018）第 205291 号

责任编辑 李璞娜　　　　　　　　　　封面设计 杨泽江

中华人民共和国合伙企业法（实用版）
ZHONGHUA RENMIN GONGHEGUO HEHUO QIYEFA（SHIYONGBAN）

经销/新华书店
印刷/三河市紫恒印装有限公司

开本/850 毫米×1168 毫米　32 开	印张/4.75　字数/115 千
版次/2018 年 9 月第 3 版	2023 年 5 月第 10 次印刷

中国法制出版社出版
书号 ISBN 978-7-5093-9722-0　　　　　　　　定价：15.00 元

北京市西城区西便门西里甲 16 号西便门办公区
邮政编码：1000531　　　　　　　　　传真：010-63141600
网址：http://www.zgfzs.com　　　　　编辑部电话：010-63141670
市场营销部电话：010-63141612　　　印务部电话：010-63141606

（如有印装质量问题，请与本社印务部联系。）

■实用版

编辑说明

运用法律维护权利和利益,是读者选购法律图书的主要目的。法律文本单行本提供最基本的法律依据,但单纯的法律文本中的有些概念、术语,读者不易理解;法律释义类图书有助于读者理解法律的本义,但又过于繁杂、冗长。"实用版"法律图书至今已行销多年,因其权威、实用、易懂的优点,成为广大读者理解、掌握法律的首选工具。

"实用版系列"独具五重使用价值:

1. **专业出版**。中国法制出版社是中央级法律类图书专业出版社,是国家法律、行政法规文本的权威出版机构。

2. **法律文本规范**。法律条文利用了本社法律单行本的资源,与国家法律、行政法规正式版本完全一致,确保条文准确、权威。

3. **条文解读详致**。本书中的【理解与适用】均是从庞杂的相互关联的法律条文以及全国人大常委会法制工作委员会等对条文的权威解读中精选、提炼而来;【典型案例指引】来自最高人民法院公报、各高级人民法院判决书等,点出适用要点,展示解决法律问题的实例。

4. **附录实用**。书末收录经提炼的法律流程图、诉讼文书、办案常用数据等内容,帮助提高处理法律纠纷的效率。

5. **附赠电子版**。与本分册主题相关、因篇幅所限而未收录的相关文件、"典型案例指引"所涉及的部分重要案例全文,已制作成电子版文件。扫一扫封底"法规编辑部"即可免费获取。

中国法制出版社
2018年9月

《中华人民共和国合伙企业法》理解与适用

《合伙企业法》[①] 自 1997 年 8 月 1 日起施行以来，对于确立合伙企业的法律地位，规范合伙企业的设立与经营，保护合伙企业及其合伙人的合法权益，发挥了积极作用。但是，随着社会主义市场经济体制的逐步完善，经济社会中出现了一些新的情况和问题，需要在法律中有所体现。2006 年 8 月 27 日第十届全国人大常委会第 23 次会议审议通过了《中华人民共和国合伙企业法（修订案）》。修订后的《合伙企业法》于 2007 年 6 月 1 日起施行。

一、合伙人的范围

《合伙企业法》第二条明确规定，本法所称合伙企业，是指自然人、法人和其他组织依照本法在中国境内设立的普通合伙企业和有限合伙企业。合伙企业中的合伙人分为两类：普通合伙人和有限合伙人，普通合伙人依法对合伙企业债务承担无限连带责任，有限合伙人依法对合伙企业债务以其认缴的出资额为限承担有限责任。虽然所有的市场主体都可以参与设立合伙企业，成为合伙人，但对于一些特殊的市场主体来说，如果让其成为合伙企业的普通合伙人，对合伙企业债务承担无限连带责任，不利于保护国有资产和上市公司利益以及公共利益。因此，本法对一些特定市场主体成为普通合伙人作出了限制性

---

① 为便于阅读，本书中相关法律文件标题中的"中华人民共和国"字样都予以删除。

规定。本法第三条明确规定，国有独资公司、国有企业、上市公司以及公益性的事业单位、社会团体不得成为普通合伙人。按照这一规定，上述组织只能参与设立有限合伙企业成为有限合伙人，而不得成为普通合伙人。

二、合伙企业缴纳所得税

对合伙企业的经营所得和其他所得不征收所得税，只对合伙人从合伙企业取得的收入征收所得税，是国际上的普遍做法，也是合伙企业同公司等其他企业组织形式相比具有吸引力的地方。我国在实践中对合伙企业也是不征收企业所得税的。在《合伙企业法》的修订过程中，根据合伙企业的特点，并结合实践经验，对合伙企业是否缴纳所得税问题予以明确。本法第六条明确规定，合伙企业的生产经营所得和其他所得，按照国家有关税收规定，由合伙人分别缴纳所得税。

三、有限合伙企业

有限合伙是由普通合伙发展而来的一种合伙形式。二者的主要区别是，普通合伙的全体合伙人（普通合伙人）负责合伙的经营管理，并对合伙债务承担无限连带责任。有限合伙由两种合伙人组成，一是普通合伙人，负责合伙的经营管理，并对合伙债务承担无限连带责任；二是有限合伙人，通常不负责合伙的经营管理，仅以其出资额为限对合伙债务承担有限责任。有限合伙融合了普通合伙和公司的优点。与公司相比，普通合伙人直接从事合伙的经营管理，使合伙的组织结构简单，节省管理费用和运营成本；普通合伙人对合伙要承担无限连带责任，可以促使其对合伙企业的管理尽职尽责。与普通合伙相比，允许投资者以承担有限责任的方式参加合伙成为有限合伙人，解除了投资者承担无限连带责任的后顾之忧，有利于吸引投资。

四、特殊的普通合伙

普通合伙作为一种传统的组织形式，其基本特点是合伙人共同出资、共同经营、共享收益、共担风险，合伙人对合伙债务承担无限连带责任。很多会计师事务所、律师事务所等专业服务机构采用这种组织形式。随着社会对各项专业服务需求的迅速增长，专业服务机构的规模扩大，合伙人人数大量增加，以至合伙人之间并不熟悉甚至不认识，各自的业务也不重合，与传统普通合伙中合伙人人数较少，共同经营的模式已有不同，因而让合伙人对其并不熟悉的合伙债务承担无限连带责任，有失公平。自20世纪60年代以后，针对专业服务机构的诉讼显著增加，其合伙人要求合理规范合伙人责任的呼声也越来越高。

为了减轻专业服务机构中普通合伙人的风险，促进专业服务机构的发展壮大，本法在普通合伙企业一章中以专节"特殊的普通合伙企业"对专业服务机构中合伙人的责任作出了特别规定。

五、外国企业或者个人在中国境内设立合伙企业

随着对外开放的扩大，外国企业或者个人也可能在我国境内设立或者参与设立合伙企业。对于外国企业或者个人在中国境内设立合伙企业，我国法律是允许的；外国企业或者个人在中国境内设立合伙企业，也应遵守本法的规定。同时，合伙企业的特征是普通合伙人对合伙企业债务承担无限连带责任，在中国的外国企业或者个人因其财产主要在国外，难以追偿，因此这些合伙人承担无限连带责任往往落空，不利于保护债权人的利益。因此，对外国企业或者个人在我国境内设立的合伙企业应加以规范，进行必要的管理。本法对此专门作出规定，并授权国务院制定具体管理办法，附则明确规定，外国企业或者个人在中国境内设立合伙企业的管理办法由国务院规定。

目　录

中华人民共和国合伙企业法

第一章　总　　则

2	第一条　【立法目的】
2	第二条　【调整范围】
	［合伙企业］
3	第三条　【不得成为普通合伙人的主体】
	［国有独资公司］
	［国有企业］
	［上市公司］
	［公益性的事业单位、社会团体］
4	第四条　【合伙协议】
	［合伙协议］
4	第五条　【自愿、平等、公平、诚实信用原则】
5	第六条　【所得税的缴纳】
	［合伙企业缴纳所得税］
6	第七条　【合伙企业及其合伙人的义务】
6	第八条　【合伙企业及其合伙人的合法财产及其权益受法律保护】
6	第九条　【申请设立应提交的文件】
	［设立合伙企业必须依法申请登记］
	［申请设立合伙企业应提交的材料］
	［合伙企业的经营范围］

1

8	第 十 条	【登记程序】
9	第十一条	【成立日期】
		［合伙企业的成立］
10	第十二条	【设立分支机构】
10	第十三条	【变更登记】
		［合伙企业办理变更登记的时限］

第二章　普通合伙企业

12	第一节	合伙企业设立
12	第十四条	【设立合伙企业应具备的条件】
		［合伙企业的设立］
		［设立条件］
14	第十五条	【名称】
14	第十六条	【出资方式】
		［货币出资］
		［非货币财产出资］
		［出资评估］
16	第十七条	【出资义务的履行】
16	第十八条	【合伙协议的内容】
16	第十九条	【合伙协议生效、效力和修改、补充】
		［合伙协议的生效时间］
		［合伙协议的修改与补充］
		［合伙协议未约定的事项］
18	第二节	合伙企业财产
18	第二十条	【合伙企业财产构成】
		［原始财产］
		［积累财产］

19	第二十一条	【在合伙企业清算前不得请求分割合伙企业财产】
20	第二十二条	【转让合伙企业中的财产份额】
		［外部转让］
		［内部转让］
21	第二十三条	【优先购买权】
		［优先购买权］
22	第二十四条	【受让人成为合伙人】
23	第二十五条	【以合伙企业财产份额出质】
		［合伙人财产份额质押的条件］
23	第三节 合伙事务执行	
23	第二十六条	【合伙事务的执行】
		［合伙事务执行权］
25	第二十七条	【不执行合伙事务的合伙人的监督权】
26	第二十八条	【执行事务合伙人的报告义务、权利义务承担及合伙人查阅财务资料权】
26	第二十九条	【提出异议权和撤销委托权】
27	第 三 十 条	【合伙企业有关事项的表决办法】
28	第三十一条	【须经全体合伙人一致同意的事项】
30	第三十二条	【竞业禁止和限制合伙人同本合伙企业交易】
31	第三十三条	【利润分配和亏损分担】
		［合伙企业的损益分配］
32	第三十四条	【增加或减少对合伙企业的出资】
32	第三十五条	【经营管理人员】
32	第三十六条	【财务、会计制度】
33	第四节 合伙企业与第三人关系	
33	第三十七条	【保护善意第三人】

		[善意第三人]
		[合伙事务执行中的对外代表权]
34	第三十八条	【合伙企业对其债务先以其全部财产进行清偿】
34	第三十九条	【无限连带责任】
		[合伙人的无限责任]
		[合伙人的连带责任]
36	第 四 十 条	【追偿权】
36	第四十一条	【相关债权人抵销权和代位权的限制】
		[对合伙人的债权人抵销权的限制]
		[对合伙人的债权人代位权的限制]
37	第四十二条	【以合伙企业中的财产份额偿还债务】
38	第五节 入伙、退伙	
38	第四十三条	【入伙】
39	第四十四条	【新合伙人的权利、责任】
40	第四十五条	【约定合伙期限的退伙】
		[退伙]
		[退伙的效力]
		[退伙的种类]
		[声明退伙]
41	第四十六条	【未约定合伙期限的退伙】
		[未约定合伙期限的退伙]
		[未约定合伙期限的退伙条件]
41	第四十七条	【违规退伙的法律责任】
42	第四十八条	【当然退伙】
		[法定退伙]
		[合伙人被依法认定为无民事行为能力人或者限制民事行为能力人的处理]

		［退伙生效日］
45	第四十九条	【除名退伙】
		［除名退伙］
		［除名退伙的事由］
		［除名退伙的程序］
		［除名退伙的救济］
46	第 五 十 条	【合伙人死亡时财产份额的继承】
47	第五十一条	【退伙结算】
48	第五十二条	【退伙人财产份额的退还办法】
48	第五十三条	【退伙人对退伙前企业债务的责任】
49	第五十四条	【退伙时分担亏损】
49	第六节　特殊的普通合伙企业	
49	第五十五条	【特殊普通合伙企业的设立】
50	第五十六条	【名称】
50	第五十七条	【责任形式】
		［特殊的普通合伙企业的责任形式］
51	第五十八条	【合伙人过错的赔偿责任】
51	第五十九条	【执业风险基金和职业保险】

第三章　有限合伙企业

52	第 六 十 条	【有限合伙企业的法律适用】
		［有限合伙企业］
53	第六十一条	【合伙人人数以及要求】
53	第六十二条	【名称】
53	第六十三条	【合伙协议内容】
54	第六十四条	【出资方式】
54	第六十五条	【出资义务的履行】
54	第六十六条	【登记事项】

54	第六十七条	【合伙事务执行】
55	第六十八条	【合伙事务执行禁止】
56	第六十九条	【利润分配】
56	第 七 十 条	【有限合伙人与本有限合伙企业交易】
56	第七十一条	【有限合伙人经营与本有限合伙企业相竞争业务】
57	第七十二条	【有限合伙人财产份额的出质】
57	第七十三条	【有限合伙人财产份额对外转让】
57	第七十四条	【有限合伙人以合伙企业中的财产份额偿还债务】
58	第七十五条	【合伙人结构变化时的处理】
58	第七十六条	【表见代理及无权代理】
		［有限合伙人的表见代理］
		［有限合伙人的无权代理］
59	第七十七条	【新入伙有限合伙人的责任】
59	第七十八条	【有限合伙人当然退伙】
59	第七十九条	【有限合伙人丧失民事行为能力时不得被退伙】
60	第 八 十 条	【有限合伙人死亡或者终止时的资格继受】
60	第八十一条	【有限合伙人退伙后的责任承担】
60	第八十二条	【合伙人类型转变】
60	第八十三条	【有限合伙人转变为普通合伙人的债务承担】
61	第八十四条	【普通合伙人转变为有限合伙人的债务承担】

第四章 合伙企业解散、清算

61	第八十五条	【解散的情形】
		[合伙企业的解散]
62	第八十六条	【清算】
		[合伙企业的清算]
		[清算内容]
63	第八十七条	【清算人在清算期间所执行的事务】
63	第八十八条	【债权申报】
64	第八十九条	【清偿顺序】
65	第九十条	【注销】
65	第九十一条	【注销后原普通合伙人的责任】
65	第九十二条	【破产】

第五章 法律责任

65	第九十三条	【骗取企业登记的法律责任】
65	第九十四条	【名称中未标明法定字样的法律责任】
66	第九十五条	【未领取营业执照，擅自从事合伙业务及未依法办理变更登记的法律责任】
66	第九十六条	【侵占合伙企业财产的法律责任】
66	第九十七条	【擅自处理合伙事务的法律责任】
66	第九十八条	【擅自执行合伙事务的法律责任】
67	第九十九条	【违反竞业禁止或与本合伙企业进行交易的规定的法律责任】
67	第一百条	【未依法报送清算报告的法律责任】
67	第一百零一条	【清算人执行清算事务时牟取非法收入或侵占合伙企业财产的法律责任】

67	第一百零二条	【清算人违法隐匿、转移合伙企业财产，对资产负债表或者财产清单作虚伪记载，或者在未清偿债务前分配财产的法律责任】
68	第一百零三条	【合伙人违反合伙协议的法律责任及争议解决方式】
68	第一百零四条	【行政管理机关工作人员滥用职权、徇私舞弊、收受贿赂、侵害合伙企业合法权益的法律责任】
68	第一百零五条	【刑事责任】
68	第一百零六条	【民事赔偿责任和罚款、罚金的承担顺序】

第六章 附 则

69	第一百零七条	【非企业专业服务机构采取合伙制的法律适用】
69	第一百零八条	【外国企业或个人在中国境内设立合伙企业的管理办法的制定】
69	第一百零九条	【实施日期】

实用核心法规

70	中华人民共和国民法典（节录） （2020年5月28日）
73	中华人民共和国市场主体登记管理条例 （2021年7月27日）
83	中华人民共和国市场主体登记管理条例实施细则（节录） （2022年3月1日）
95	企业名称登记管理规定 （2020年12月28日）

98	有限合伙企业国有权益登记暂行规定
	（2020年1月3日）
100	国务院关于个人独资企业和合伙企业征收所得税问题的通知
	（2000年6月20日）
101	财政部、国家税务总局关于个人独资企业和合伙企业投资者征收个人所得税的规定
	（2000年9月19日）
106	财政部、国家税务总局关于调整个体工商户个人独资企业和合伙企业个人所得税税前扣除标准有关问题的通知
	（2008年6月3日）
108	财政部、国家税务总局关于合伙企业合伙人所得税问题的通知
	（2008年12月23日）
109	中华人民共和国企业破产法
	（2006年8月27日）

实用附录

133	个人所得税税率表（经营所得适用）
133	企业应纳税所得额计算公式
134	企业应纳税额计算公式

电子版增补法规（请扫封底"法规编辑部"二维码获取）

　　中华人民共和国中小企业促进法
　　　（2017年9月1日）
　　最高人民法院关于适用《中华人民共和国企业破产法》若干问题的规定（一）
　　　（2011年9月9日）

最高人民法院关于适用《中华人民共和国企业破产法》
  若干问题的规定（二）
    （2020年12月29日）
最高人民法院关于适用《中华人民共和国企业破产法》
  若干问题的规定（三）
    （2020年12月29日）
国家税务总局关于《关于个人独资企业和合伙企业投资
  者征收个人所得税的规定》执行口径的通知
    （2001年1月17日）
国家工商行政管理总局关于合伙企业名称登记有关问题
  的答复
    （2008年2月4日）

中华人民共和国合伙企业法

（1997年2月23日第八届全国人民代表大会常务委员会第二十四次会议通过　2006年8月27日第十届全国人民代表大会常务委员会第二十三次会议修订　2006年8月27日中华人民共和国主席令第55号公布　自2007年6月1日起施行）

目　　录

第一章　总　　则
第二章　普通合伙企业
　第一节　合伙企业设立
　第二节　合伙企业财产
　第三节　合伙事务执行
　第四节　合伙企业与第三人关系
　第五节　入伙、退伙
　第六节　特殊的普通合伙企业
第三章　有限合伙企业
第四章　合伙企业解散、清算
第五章　法律责任
第六章　附　　则

第一章 总 则

第一条 立法目的[①]

为了规范合伙企业的行为，保护合伙企业及其合伙人、债权人的合法权益，维护社会经济秩序，促进社会主义市场经济的发展，制定本法。

第二条 调整范围

本法所称合伙企业，是指自然人、法人和其他组织依照本法在中国境内设立的普通合伙企业和有限合伙企业。

普通合伙企业由普通合伙人组成，合伙人对合伙企业债务承担无限连带责任。本法对普通合伙人承担责任的形式有特别规定的，从其规定。

有限合伙企业由普通合伙人和有限合伙人组成，普通合伙人对合伙企业债务承担无限连带责任，有限合伙人以其认缴的出资额为限对合伙企业债务承担责任。

▶理解与适用

［合伙企业］

（1）定义。是指自然人、法人和其他组织依照本法在中国境内设立的，由两个或两个以上的合伙人订立合伙协议，为经营共同事业，共同出资、合伙经营、共享收益、共担风险的营利性组织。

（2）设立主体范围。包括自然人、法人和其他组织。将设立主体由"自然人"扩大到"自然人、法人和其他组织"，这

---

① 条文主旨为编者所加，下同。

样有利于企业对外投资主体的多元化，有利于合伙企业规模的扩大和合伙企业合伙事务的发展。

（3）种类。分为普通合伙企业与有限合伙企业两种。

▶**典型案例指引**

龚某与信丰县某手机超市等合伙协议纠纷上诉案（江西省赣州市中级人民法院民事判决书〔2009〕赣中民二终字第72号）

案件适用要点：该案中，被告某企业的性质为个体工商户，业主叶某与龚某、何某、邹某的合伙关系企业内部的合伙经营，属于个人合伙，不属于《合伙企业法》所规范的合伙企业，所以本案应适用《民法通则》的有关规定来处理。

第三条 不得成为普通合伙人的主体

国有独资公司、国有企业、上市公司以及公益性的事业单位、社会团体不得成为普通合伙人。

▶**理解与适用**

国有独资公司、国有企业、上市公司以及公益性的事业单位、社会团体不得成为普通合伙人；但可根据实际需要，以有限合伙人的身份参加合伙企业，从事经营活动，对合伙企业债务以其出资额为限承担责任。

[国有独资公司]

本条所称的国有独资公司，依照《公司法》的规定，是指国家单独出资、由国务院或者地方人民政府授权本级人民政府国有资产监督管理机构履行出资人职责的有限责任公司。

[国有企业]

本条所称的国有企业即全民所有制企业，是指国家单独出资、由国务院或者地方人民政府授权本级人民政府国有资产监督管理机构履行出资人职责的非公司制形式的企业。

［上市公司］

本条所称上市公司，依照《公司法》的规定，是指"其股票在证券交易所上市交易的股份有限公司"。

［公益性的事业单位、社会团体］

本条所称的公益性的事业单位、社会团体，是指从事公益性活动的，不以营利为目的的组织。

▶条文参见

《公司法》第64、120条

第四条　合伙协议

合伙协议依法由全体合伙人协商一致、以书面形式订立。

▶理解与适用

［合伙协议］

（1）定义。合伙协议又称合伙合同，是指由全体合伙人依法协商一致所订立的书面合同。

（2）成立要件。一是依法订立。这里所称的"法"应作宽泛理解，包括本法及其他有关法律、行政法规、行政规章等方面的规定。二是必须由全体合伙人协商一致。即必须是全体合伙人意思表示一致，缺少一个合伙人的意思表示合同不能成立。三是必须为书面形式。按照本章规定，申请设立合伙企业应当向合伙企业登记机关提交合伙协议书，如果不以书面形式订立，合伙企业的设立则无法完成。

第五条　自愿、平等、公平、诚实信用原则

订立合伙协议、设立合伙企业，应当遵循自愿、平等、公平、诚实信用原则。

第六条　所得税的缴纳

> 合伙企业的生产经营所得和其他所得，按照国家有关税收规定，由合伙人分别缴纳所得税。

▶ 理解与适用

［合伙企业缴纳所得税］

（1）原则。一次纳税原则，即合伙企业不纳税，由合伙人分别纳税。

（2）征税对象。合伙企业的生产经营所得和其他所得，即合伙企业从事生产经营以及与生产经营有关的活动所取得的各项收入。

（3）纳税人。各合伙人，由合伙人分别缴纳所得税。

合伙企业合伙人是自然人的，缴纳个人所得税；合伙人是法人和其他组织的，缴纳企业所得税。合伙企业的合伙人按照下列原则确定应纳税所得额：合伙企业的合伙人以合伙企业的生产经营所得和其他所得，按照合伙协议约定的分配比例确定应纳税所得额；合伙协议未约定或者约定不明确的，以全部生产经营所得和其他所得，按照合伙人协商决定的分配比例确定应纳税所得额；协商不成的，以全部生产经营所得和其他所得，按照合伙人实缴出资比例确定应纳税所得额；无法确定出资比例的，以全部生产经营所得和其他所得，按照合伙人数量平均计算每个合伙人的应纳税所得额。

（4）合伙人缴纳所得税，须依法进行。依照本条规定，不管合伙企业是否进行利润分配，均应按照国家有关税收的规定，由各合伙人依法向税务机关缴纳所得税。

▶ 条文参见

《国务院关于个人独资企业和合伙企业征收所得税问题的通知》；《财政部、国家税务总局关于合伙企业合伙人所得税问题

的通知》;《财政部、国家税务总局关于个人独资企业和合伙企业投资者征收个人所得税的规定》

第七条 合伙企业及其合伙人的义务

合伙企业及其合伙人必须遵守法律、行政法规,遵守社会公德、商业道德,承担社会责任。

第八条 合伙企业及其合伙人的合法财产及其权益受法律保护

合伙企业及其合伙人的合法财产及其权益受法律保护。

第九条 申请设立应提交的文件

申请设立合伙企业,应当向企业登记机关提交登记申请书、合伙协议书、合伙人身份证明等文件。

合伙企业的经营范围中有属于法律、行政法规规定在登记前须经批准的项目的,该项经营业务应当依法经过批准,并在登记时提交批准文件。

▶理解与适用

[设立合伙企业必须依法申请登记]

设立合伙企业应当依法办理登记。未经登记,不得以市场主体名义从事经营活动。

合伙企业的登记事项应当包括:名称;类型;经营范围;主要经营场所;出资额;执行事务合伙人名称或者姓名;合伙人名称或者姓名、住所、承担责任方式。执行事务合伙人是法人或者其他组织的,登记事项还应当包括其委派的代表姓名。

下列事项应当向登记机关办理备案:合伙协议;合伙期限;合伙人认缴或者实际缴付的出资数额、缴付期限和出资方式;合伙企业登记联络员、外商投资企业法律文件送达接受人;合伙企业受益所有人相关信息;法律、行政法规规定的其他事项。

上述备案事项由登记机关在设立登记时一并进行信息采集。受益所有人信息管理制度由中国人民银行会同国家市场监督管理总局另行制定。

合伙企业的名称由申请人依法自主申报。合伙企业只能登记一个名称，经登记的名称受法律保护。合伙企业的名称中应当标明"普通合伙"、"特殊普通合伙"或者"有限合伙"字样，并符合国家有关企业名称登记管理的规定。

合伙企业只能登记一个主要经营场所。

申请人申请登记合伙企业执行事务合伙人（含委派代表），应当符合合伙协议约定，合伙协议未约定或者全体合伙人未决定委托执行事务合伙人的，除有限合伙人外，申请人应当将其他合伙人均登记为执行事务合伙人。

[申请设立合伙企业应提交的材料]

申请办理合伙企业登记，应当提交下列材料：

（1）申请书；

（2）申请人主体资格文件或者自然人身份证明；

（3）主要经营场所相关文件；

（4）合伙协议；

（5）法律、行政法规规定设立特殊的普通合伙企业需要提交合伙人的职业资格文件的，提交相应材料；

（6）全体合伙人决定委托执行事务合伙人的，应当提交全体合伙人的委托书和执行事务合伙人的主体资格文件或者自然人身份证明。执行事务合伙人是法人或者其他组织的，还应当提交其委派代表的委托书和自然人身份证明。

办理市场主体登记、备案事项，申请人可以到登记机关现场提交申请，也可以通过市场主体登记注册系统提出申请。申请人应当对提交材料的真实性、合法性和有效性负责。

申请人可以委托其他自然人或者中介机构代其办理市场主体登记。受委托的自然人或者中介机构代为办理登记事宜应当遵守有关规定，不得提供虚假信息和材料。

[合伙企业的经营范围]

合伙企业的经营范围,是指合伙企业从事经营活动的业务范围。合伙企业应当按照国家市场监督管理总局发布的经营范围目录,根据其主要行业或者经营特征自主选择一般经营项目和许可经营项目,申请办理经营范围登记。

▶条文参见

《市场主体登记管理条例》第8-11、16-18条;《市场主体登记管理条例实施细则》第6-17、25、28条

▶典型案例指引

贵州某矿业投资有限公司与王某某合同纠纷再审申请案(贵州省高级人民法院民事裁定书〔2014〕黔高民申字第679号)

案件适用要点:根据《中华人民共和国合伙企业法》的规定,申请设立合伙企业,应当向企业登记机关提交登记申请书、合伙协议书、合伙人身份证明等文件,而双方签订《合作协议》后,并未向企业登记机关申请设立,故二审判决未适用《中华人民共和国合伙企业法》并无不当。

第十条 登记程序

申请人提交的登记申请材料齐全、符合法定形式,企业登记机关能够当场登记的,应予当场登记,发给营业执照。

除前款规定情形外,企业登记机关应当自受理申请之日起二十日内,作出是否登记的决定。予以登记的,发给营业执照;不予登记的,应当给予书面答复,并说明理由。

▶理解与适用

需注意,2021年7月公布的《市场主体登记管理条例》第19条规定:"登记机关应当对申请材料进行形式审查。对申请材料齐全、符合法定形式的予以确认并当场登记。不能当场登记的,应当在3个工作日内予以登记;情形复杂的,经登记机关负

责人批准，可以再延长3个工作日。申请材料不齐全或者不符合法定形式的，登记机关应当一次性告知申请人需要补正的材料。"第20条规定："登记申请不符合法律、行政法规规定，或者可能危害国家安全、社会公共利益的，登记机关不予登记并说明理由。"第21条规定："申请人申请市场主体设立登记，登记机关依法予以登记的，签发营业执照。营业执照签发日期为市场主体的成立日期。法律、行政法规或者国务院决定规定设立市场主体须经批准的，应当在批准文件有效期内向登记机关申请登记。"

▶条文参见

《市场主体登记管理条例》第19-22条；《市场主体登记管理条例实施细则》第18-19条

第十一条 成立日期

合伙企业的营业执照签发日期，为合伙企业成立日期。

合伙企业领取营业执照前，合伙人不得以合伙企业名义从事合伙业务。

▶理解与适用

[合伙企业的成立]

(1) 成立日期。合伙企业成立日期为合伙企业的营业执照签发日期。营业执照分为正本和副本，具有同等法律效力。电子营业执照与纸质营业执照具有同等法律效力。营业执照样式、电子营业执照标准由国务院市场监督管理部门统一制定。

(2) 成立的法律后果。一是合伙企业的成立日期即为从事合伙业务的起始日期。合伙人对外以合伙企业的名义从事合伙业务时，必须自领取营业执照之日起进行活动。否则，不能进行。二是企业成立后要履行相应的法律义务。比如，合伙企业应当于每年1月1日至6月30日，通过企业信用信息公示系统向企业登记机关报送上一年度年度报告，并向社会公示。

第十二条　设立分支机构

合伙企业设立分支机构,应当向分支机构所在地的企业登记机关申请登记,领取营业执照。

▶理解与适用

合伙企业分支机构,是指合伙企业本身设立的分厂、分店等。合伙企业设立分支机构,应当向分支机构所在地的登记机关申请登记,领取营业执照。

违反本法规定,未领取营业执照,而以合伙企业分支机构名义从事合伙业务的,由企业登记机关责令停止,处五千元以上五万元以下的罚款。

▶条文参见

《合伙企业法》第95条;《市场主体登记管理条例》第23条

第十三条　变更登记

合伙企业登记事项发生变更的,执行合伙事务的合伙人应当自作出变更决定或者发生变更事由之日起十五日内,向企业登记机关申请办理变更登记。

▶理解与适用

[合伙企业办理变更登记的时限]

需注意,2021年7月公布的《市场主体登记管理条例》第24条规定,市场主体变更登记事项,应当自作出变更决议、决定或者法定变更事项发生之日起30日内向登记机关申请变更登记。市场主体变更登记事项属于依法须经批准的,申请人应当在批准文件有效期内向登记机关申请变更登记。第26条规定,市场主体变更经营范围,属于依法须经批准的项目的,应当自批准之日起30日内申请变更登记。许可证或者批准文件被吊销、撤销或者有效期届满的,应当自许可证或者批准文件被吊销、撤销或者有效期届满之日起30日内向登记机关申请变更登记或者办理注销登记。第27条规定,市场主体变更住所或者主要经营场所跨登记机关辖区的,应当在迁入新的住所或者主要经营场所前,向迁入地登记机关申请变更登记。迁出地登记机关无正当理由不得拒绝移交市场主体档案等相关材料。第28条规定,市场主体变更登记涉及营业执照记载事项的,登记机关应当及时为市场主体换发营业执照。第29条规定,市场主体变更《市场主体登记管理条例》第9条规定的备案事项的,应当自作出变更决议、决定或者法定变更事项发生之日起30日内向登记机关办理备案。

▶条文参见

《合伙企业法》第95条;《市场主体登记管理条例》第24-29条;《市场主体登记管理条例实施细则》第31-36条

▶典型案例指引

谭某某等诉张某某劳动争议案(广东省高级人民法院民事裁定书〔2017〕粤民申1697号)

案件适用要点:根据《中华人民共和国合伙企业法》第十三条"合伙企业登记事项发生变更的,执行合伙事务的合伙人应当自作出变更决定或者发生变更事由之日起十五日内,向企业登记机关申请办理变更登记"、第九十五条"合伙企业登记事项发生变更时,未依照本规定办理变更登记的,由企业登记机关责令限期登记;逾期不登记的,处以二千元以上二万元以下的罚款。合伙企业登记事项发生变更,执行合伙事务的合伙人未按期申请办理变更登记的,应当赔偿由此给合伙企业、其他合伙人或者善意第三人造成的损失"之规定,合伙企业应履行严格的登记义务,若合伙企业未在法律规定的期限内向法定机关办理变更登记手续,则视为其变更不为任何第三人所知悉,其变更对第三人不具备对抗力和公信力,变更前的合伙人仍要对合伙债务向第三人负无限连带责任。

第二章 普通合伙企业

第一节 合伙企业设立

第十四条 设立合伙企业应具备的条件

> 设立合伙企业，应当具备下列条件：
> （一）有二个以上合伙人。合伙人为自然人的，应当具有完全民事行为能力；
> （二）有书面合伙协议；
> （三）有合伙人认缴或者实际缴付的出资；
> （四）有合伙企业的名称和生产经营场所；
> （五）法律、行政法规规定的其他条件。

▶理解与适用

［合伙企业的设立］

合伙企业的设立，是指本章所称的普通合伙企业的设立，即拟设立合伙企业的自然人、法人或者其他组织依照法律、行政法规规定的条件和程序，通过一定的准备工作（比如订立合伙协议等），向合伙企业登记机关申请设立合伙企业，并由登记机关依法给予登记的行为。

［设立条件］

（1）有二个以上合伙人。合伙人为自然人的，应当具有完全民事行为能力。合伙人人数要求：两人以上；既可以是自然人，也可以是法人或其他组织；合伙人为自然人的，应当具有完全民事行为能力。这里所称的自然人，应当包括具有中华人民共和国国籍的自然人和具有外国国籍的自然人以及无国籍的自然人。但是，具有外国国籍的自然人以及无国籍的自然人，参与设立合伙企业应当符合《合伙企业法》附则的要求,即应当符合国务院有关管理办法的规定。不能作为设立主体的有:限制民事行为能力人和无民事行为能力人,且国有独资公司、国有企业、上市公司以及公益性的事业单位、社会团体不得成为普通合伙人。

(2)有书面合伙协议。具体包括三层含义:一是必须有合伙协议。合伙协议依法由"全体合伙人"协商"一致"。二是合伙协议必须是由两个或者两个以上的自然人、法人和其他组织之间签订的,以各自提供货币、实物、知识产权、土地使用权或者劳务等出资并依法经营等为内容的一种合同。三是合伙协议必须为书面形式。

(3)有各合伙人认缴或者实际缴付的出资。本法对出资的缴付方式作了较为灵活的规定,合伙人可以实际一次性缴付出资,也可以"认缴"的形式分期出资,但"认缴"必须在合伙协议中有所体现,不能随意进行。

(4)有合伙企业的名称和生产经营场所。合伙企业名称必须遵守下列规定:一是名称须登记注册。二是名称必须符合法定要求。普通合伙企业应当在其名称中标明"普通合伙"字样,其中采取有限责任合伙形式的普通合伙企业,应当在其名称中标明"特殊普通合伙"字样,有限合伙企业名称中应当标明"有限合伙"字样。在合伙企业名称中不能仅仅标有"有限"或者"有限责任"字样,如果仅仅标有"有限"或者"有限责任"字样则和公司没有区别,会引起不必要的混乱。所以,名称中必须有"合伙"二字。

(5)法律、行政法规规定的其他条件。

▶条文参见

《合伙企业法》第3-5、15条;《公司法》第8条

第十五条 名称

合伙企业名称中应当标明"普通合伙"字样。

第十六条 出资方式

合伙人可以用货币、实物、知识产权、土地使用权或者其他财产权利出资,也可以用劳务出资。

合伙人以实物、知识产权、土地使用权或者其他财产权利出资,需要评估作价的,可以由全体合伙人协商确定,也可以由全体合伙人委托法定评估机构评估。

合伙人以劳务出资的,其评估办法由全体合伙人协商确定,并在合伙协议中载明。

▶ 理解与适用

[货币出资]

合伙人既可用本国货币出资,也可以用外国货币出资。

[非货币财产出资]

合伙人用非货币财产出资时,出资的财产必须是合伙人本人合法占有的财产。

(1) 实物出资。实物出资也即通常所称的有形财产出资。实物即可以利用的物质形态,该物质形态应是指合伙人现存的、可转让的有形财产。一般是指厂房和其他建筑物、机器设备、原材料、零部件等。

(2) 知识产权出资。所谓知识产权又称为智力成果权、无形财产权,是基于智力的创造性活动所产生的由法律赋予知识产品所有人对其智力成果所享有的某些专有权利。包括著作权、专利权、商标权、发明权和发现权以及其他科技成果权。

(3) 土地使用权出资。所谓土地使用权,是指公民或者法人、其他组织依照法律、行政法规的规定,对国有或者集体所有的土地所享有的使用和收益的权利。作为合伙企业出资的合伙人的土地使用权，必须是依法取得的；否则，不能作为出资。同时，出资以后还必须依法使用。

（4）劳务出资。所谓劳务出资，是指出资人以自己的劳动技能等并通过自己的劳动体现出来的一种出资形式，比如从事汽车运输的合伙企业，司机可以以自己的驾驶技能作为出资方式。

（5）其他财产权利。本条所涉及的"财产权利"，是指有直接的财产内容的权利。本条中所称的"其他财产权利"，是指货币、实物、知识产权、土地使用权以外的其他具有财产内容的权利。比如担保物权、采矿权、土地承包经营权、债权、商业秘密等。

[出资评估]

（1）非货币财产（劳务出资除外）的评估。首先，是否评估由全体合伙人协商确定；其次，需要评估时，如何评估由合伙人自己确定。根据本条规定，评估作价可以由合伙人协商确定，但该评估不是由某一个人或者某几个人协商确定，而是由全体合伙人协商确定，如果仅仅由一个人或者某几个人协商确定，其协商确定应为无效，或者对其他没有协商确定的合伙人不产生法律效力；也可以由全体合伙人委托依法成立的评估机构进行评估。对评估结果，进行企业登记作为注册资金时，企业登记机构还要予以核实。

（2）劳务出资需要评估，评估办法由全体合伙人协商确定，确定后须在合伙协议中载明。

▶条文参见

《合伙企业法》第64条；《公司法》第27、82条

第十七条　出资义务的履行

合伙人应当按照合伙协议约定的出资方式、数额和缴付期限，履行出资义务。

以非货币财产出资的，依照法律、行政法规的规定，需要办理财产权转移手续的，应当依法办理。

第十八条　合伙协议的内容

合伙协议应当载明下列事项：
（一）合伙企业的名称和主要经营场所的地点；
（二）合伙目的和合伙经营范围；
（三）合伙人的姓名或者名称、住所；
（四）合伙人的出资方式、数额和缴付期限；
（五）利润分配、亏损分担方式；
（六）合伙事务的执行；
（七）入伙与退伙；
（八）争议解决办法；
（九）合伙企业的解散与清算；
（十）违约责任。

第十九条　合伙协议生效、效力和修改、补充

合伙协议经全体合伙人签名、盖章后生效。合伙人按照合伙协议享有权利，履行义务。

修改或者补充合伙协议，应当经全体合伙人一致同意；但是，合伙协议另有约定的除外。

合伙协议未约定或者约定不明确的事项，由合伙人协商决定；协商不成的，依照本法和其他有关法律、行政法规的规定处理。

▶理解与适用

［合伙协议的生效时间］

合伙协议的生效时间，是指合伙协议从什么时候起产生法律效力。也就是说，合伙人从什么时候起履行义务和享有权利。根据本条规定，合伙协议生效时间为全体合伙人签名、盖章后。需要注意的是：

（1）合伙协议必须经过全体合伙人签字、盖章。如果未经所有合伙人签字、盖章，其合伙协议不产生法律效力，即不受法律的保护。

（2）并不要求全体合伙人同时签字、盖章，全体合伙人可以分不同时间签字、盖章，其生效时间以全体合伙人中的最后一人签字、盖章为准。

（3）合伙人可以委托他人代表自己签字、盖章。但是，委托签字、盖章必须有书面委托，或者有能证明存在委托行为的其他证明。

（4）这里所讲的"签名、盖章"，是指合伙人既可以签字，也可以盖章，也可以同时签字、盖章。也就是说，签字、盖章是一种选择关系，并不是并列关系，合伙协议上只要有一项，即可产生法律效力。

［合伙协议的修改与补充］

（1）合伙协议并不是一成不变的，在合伙协议签订后，合伙人可以对合伙协议进行修改与补充。

（2）合伙协议的修改与补充，既可以采用对原有合伙协议全面修订的方式进行，也可以采用另订有关条款的方式进行。

（3）一般情况下，合伙协议的修改与补充必须经过全体合伙人一致同意，未经全体合伙人同意不产生法律效力。

例外性规定：合伙协议另有约定时，不一定非要经过全体合伙人协商一致才能修改或补充合伙协议。合伙协议中的约定优先。合伙协议可以约定，修改或者补充合伙协议可以是出资比例的四分之三，也可以约定是出资比例的五分之四等，可以约定是全体出资人的三分之二，也可以约定是全体出资人的四分之三等。

［合伙协议未约定的事项］

合伙协议未约定或者约定不明确的事项，由合伙人协商解决；协商不成的，依照本法和其他有关法律、行政法规的规定处理。

第二节 合伙企业财产

第二十条 合伙企业财产构成

合伙人的出资、以合伙企业名义取得的收益和依法取得的其他财产，均为合伙企业的财产。

▶理解与适用

合伙企业的财产由原始财产和积累财产两个部分组成。合伙企业的财产作为合伙企业存续的物质基础，是合伙企业对外承担责任的担保之一。

［原始财产］

原始财产即本条所称的全体合伙人的"出资"。

（1）合伙企业的原始财产是全体合伙人"认缴"的财产，而非各合伙人"实际缴纳"的财产。

（2）合伙企业合伙人的出资并非均能构成合伙企业的财产。依据本法第16条的规定，合伙人对合伙企业的出资，不限于通常所称的财产，而且还包括一定的财产权利，此外还包括劳务。其中，劳务虽然可以通过全体合伙人协商确定的办法评估其价值，也可在合伙企业的生产经营活动中创造出新的价值，但因其内在的"行为性"特征使其不能成为合伙企业的财产。

（3）合伙人转让财产所有权进行出资而构成合伙企业的财产是合伙企业原始财产取得的一般方式，但这并不等于合伙人只能通过转让所有权的方式来形成合伙企业的财产。合伙人也可以通过转让占有权、使用权的方式形成合伙企业的原始财产。

［积累财产］

积累财产，即合伙企业成立以后以合伙企业的名义依法取得的全部收益。这部分是合伙企业在生产经营过程中所得到的新的价值。合伙企业的积累财产，主要包括两个方面：一是以合伙企业名义取得的收益，即营业性的收入。二是依法取得的其他财产。即根据法律、行政法规等的规定合法取得的其他财产，比如合法接受赠与的财产等。

▶条文参见

《合伙企业法》第16条

第二十一条　在合伙企业清算前不得请求分割合伙企业财产

合伙人在合伙企业清算前，不得请求分割合伙企业的财产；但是，本法另有规定的除外。

合伙人在合伙企业清算前私自转移或者处分合伙企业财产的，合伙企业不得以此对抗善意第三人。

▶理解与适用

1. 合伙人在合伙企业清算前一般不得请求分割合伙企业的财产。

（1）原则上不得请求分割合伙企业的财产。

（2）法律有规定时可以请求分割。比如，按照本法有关退伙的规定，有下列情形之一的，合伙人应当向合伙人的继承人退还被继承合伙人的财产份额：继承人不愿意成为合伙人；法律规定或者合伙协议约定合伙人必须具有相关资格而该继承人未取得该资格；合伙协议约定不能成为合伙人的其他情形。合伙人的继承人为无民事行为能力人或者限制民事行为能力人的，可以成为有限合伙人，并经全体合伙人一致同意，将普通合伙企业依法转为有限合伙企业；全体合伙人未能一致同意的，合伙企业应当将该被继承人的财产份额退还给该继承人。

2. 合伙企业不得因合伙人"违法"分割财产而对抗善意第三人。

善意第三人，是指第三人对合伙人私自转移或处分财产的行为事先不知情。此外，根据善意取得制度的要件，受让人在取得占有时须是公然的、有偿的、善意的。如果第三人是恶意取得，即明知合伙人无权处分而与之进行交易，或者与合伙人通谋共同侵犯合伙企业权益，则合伙企业可以据此对抗恶意第三人。

▶条文参见

《合伙企业法》第50、51条；《公司法》第35条

▶典型案例指引

唐某与江某合伙纠纷上诉案（广东省广州市中级人民法院民事判决书〔2009〕穗中法民二终字第1255号）

案件适用要点：本案上诉人唐某主张《欠款证明》是一份对合伙事务清算和对合伙财产分割的文件，而根据《合伙企业法》第21条规定，合伙人在合伙企业清算前，不得请求分割合伙企业的财产。但从《欠款证明》的内容看，该《欠款证明》仅是确认唐某和江某对合伙企业资金的投入，而不是对合伙企业财产的分割，因而是合法有效的。

第二十二条　转让合伙企业中的财产份额

除合伙协议另有约定外，合伙人向合伙人以外的人转让其在合伙企业中的全部或者部分财产份额时，须经其他合伙人一致同意。

合伙人之间转让在合伙企业中的全部或者部分财产份额时，应当通知其他合伙人。

▶理解与适用

合伙人财产份额的转让,是指合伙企业的合伙人向他人转让其在合伙企业中的全部或者部分财产份额的行为。合伙人财产份额的转让方式包括外部转让和内部转让两种。

[外部转让]

(1) 定义。所谓合伙人财产份额的外部转让,是指合伙人将其在合伙企业中的全部或者部分财产份额转让给合伙人以外的第三人的行为。

(2) 转让规则。原则上,须经其他合伙人一致同意;但是,如果合伙协议有另外的约定,即合伙协议约定,合伙人向合伙人以外的人转让其在合伙企业中的全部或者部分财产份额时,不需经过其他合伙人一致同意,则应执行合伙协议的约定。

[内部转让]

(1) 定义。合伙人财产份额的内部转让,是指合伙人将其在合伙企业中的全部或者部分财产份额转让给其他合伙人的行为。

(2) 转让规则。只需要通知其他合伙人,而不需要经其他合伙人一致同意,即可产生法律效力。

▶条文参见

《合伙企业法》第73条;《公司法》第71、137-141条

第二十三条 优先购买权

合伙人向合伙人以外的人转让其在合伙企业中的财产份额的,在同等条件下,其他合伙人有优先购买权;但是,合伙协议另有约定的除外。

▶理解与适用

[优先购买权]

(1) 定义。优先购买权是指合伙人转让其财产份额时,在多数人接受转让的情况下,其他合伙人在同等条件下可先于其

他非合伙人购买的权利。

（2）例外规定。合伙协议没有"另有约定"或者另外的限制，有了限制则应依限制办理。同等的"条件"，主要是指受让的价格条件。当然，也包括其他条件。

▶ **典型案例指引**

曲某某等诉王某等普通合伙纠纷案（最高人民法院民事判决书〔2014〕民抗字第17号）

案件适用要点：合伙企业的部分合伙人向合伙人之外的人出售其财产份额，在双方确定了转让价格等交易条件后，根据《中华人民共和国合伙企业法》第二十三条"合伙人向合伙人以外的人转让其在合伙企业中的财产份额的，在同等条件下，其他合伙人有优先购买权"的规定，合伙企业的其他合伙人即享有了对被转让财产份额的优先购买权。在优先购买权人依法向出售财产份额的合伙人做出行使优先购买权意思表示的情况下，便在其与出售人之间形成了以同样价格买卖财产份额的合同关系。法律规定合伙人享有优先购买权的目的在于，当非合伙人与部分合伙人都向出售财产份额的合伙人表示愿意购买该部分财产份额时，保护优先购买权人在同等交易条件下与出售人之间的合同优先于非合伙人与出售人之间的合同得到履行。法律保护当事人自愿订立合同的权利，但当事人在进行民事活动时也应当遵守法律的规定和合同的约定，全面履行合同义务，不得以意思自治为借口拒绝履行合同义务或阻碍他人依法行使权利。

第二十四条　受让人成为合伙人

合伙人以外的人依法受让合伙人在合伙企业中的财产份额的，经修改合伙协议即成为合伙企业的合伙人，依照本法和修改后的合伙协议享有权利，履行义务。

第二十五条 以合伙企业财产份额出质

> 合伙人以其在合伙企业中的财产份额出质的，须经其他合伙人一致同意；未经其他合伙人一致同意，其行为无效，由此给善意第三人造成损失的，由行为人依法承担赔偿责任。

▶理解与适用

合伙人财产份额的出质是指合伙人将其在合伙企业中的财产份额作为质押物来担保债权人实现债权的行为。

[合伙人财产份额质押的条件]

（1）合伙人可以以其在合伙企业中的财产份额作为质物，与他人签订质押合同，但必须经其他合伙人一致同意。担保债权人的债权得以实现，必然影响着合伙企业和其他合伙人的利益。

（2）合伙人非法出质给善意第三人造成损失的，依法承担赔偿责任。合伙人非法出质给善意第三人造成损失的，应当依法赔偿因其过错行为给善意第三人所造成的损失。

▶条文参见

《合伙企业法》第72条

第三节 合伙事务执行

第二十六条 合伙事务的执行

> 合伙人对执行合伙事务享有同等的权利。
> 按照合伙协议的约定或者经全体合伙人决定，可以委托一个或者数个合伙人对外代表合伙企业，执行合伙事务。
> 作为合伙人的法人、其他组织执行合伙事务的，由其委派的代表执行。

▶理解与适用

[合伙事务执行权]

（1）合伙事务的定义。所谓"合伙事务"，既包括合伙企业内部入伙与退伙、转让与继承、解散与清算、处分合伙企业财产、改变合伙企业名称、延长合伙企业经营期限等行为，也包括合伙企业日常例行的业务经营活动，如与第三人签订合同、制定经营计划、选择进货渠道、规定商品和服务价格等。

（2）根据本条的规定，合伙人对执行合伙事务享有同等的权利，赋予了合伙人在合伙企业中平等的管理权、经营权、表决权、监督权和代表权，对合伙人的权利予以法律保护。这里需要注意，行为的决定与决定的执行是有区别的。合伙事务执行，须由全体合伙人共同决定，但对经全体合伙人共同决定事务的执行，按照合伙协议的约定或者经全体合伙人决定，可以委托一个或者数个合伙人对外代表合伙企业，执行合伙事务。如何规范合伙的事务执行，对于充分保障合伙人的权利以及积极促进合伙企业业务的顺利开展具有十分重要的意义。

▶条文参见

《合伙企业法》第37条

▶典型案例指引

马某某与辛某某侵权责任纠纷再审申请案（贵州省高级人民法院民事裁定书〔2015〕黔高民申字第922号）

案件适用要点：根据合伙企业法第二十六条第二款之规定："按照合伙协议的约定或者经全体合伙人决定，可以委托一个或者数个合伙人对外代表合伙企业，执行合伙事务。"第二十七条同时规定："依照本法第二十六条第二款规定委托一个或者数个合伙人执行合伙事务的，其他合伙人不再执行合伙事务。不执行合伙事务的合伙人有权监督执行事务合伙人执行合伙事务的情况。"本案中，马某某与王某某二人合伙开办某煤矿，在贵州省工商行政管理局颁发的合伙企业营业执照上，明确载明合伙企业事务执行人为王某某，故王某某依法有权对外代表合伙企业执行合伙事务。王某某在执行合伙企业事务的过程中，其对外行为的法律效力当然及于全体合伙人。至于王某某执行合伙事务的行为是否符合合伙协议的约定及是否对其他合伙人构成侵权的问题，属于合伙企业的内部关系问题，与合伙企业之外的第三人无关。

第二十七条　不执行合伙事务的合伙人的监督权

依照本法第二十六条第二款规定委托一个或者数个合伙人执行合伙事务的，其他合伙人不再执行合伙事务。

不执行合伙事务的合伙人有权监督执行事务合伙人执行合伙事务的情况。

▶理解与适用

不执行合伙事务的合伙人虽不执行合伙企业的日常事务，但仍有参与企业重大事务的决定权；其有权对执行事务合伙人执行合伙事务的情况进行监督。

其行使监督权的方式主要有：（1）询问和检查执行情况。执行合伙事务的合伙人要向不执行合伙事务的合伙人报告业务经营等情况，必要时不执行合伙事务的合伙人有权查阅企业的有关会计账簿等，以使其了解合伙企业的财产状况及其他经营活动细节。（2）提出异议、请求暂时停止执行。当不执行合伙事务的合伙人发现正在执行事务的合伙人行为不当或错误，有可能给全体合伙人的共同利益造成损害时，有权对其他合伙人执行的事务提出异议，请求执行事务的合伙人暂停他正在执行而尚未完成的合伙事务。

▶条文参见

《合伙企业法》第28、29条

第二十八条　执行事务合伙人的报告义务、权利义务承担及合伙人查阅财务资料权

> 由一个或者数个合伙人执行合伙事务的，执行事务合伙人应当定期向其他合伙人报告事务执行情况以及合伙企业的经营和财务状况，其执行合伙事务所产生的收益归合伙企业，所产生的费用和亏损由合伙企业承担。
>
> 合伙人为了解合伙企业的经营状况和财务状况，有权查阅合伙企业会计账簿等财务资料。

▶典型案例指引

宋某某与上海某企业管理咨询中心（有限合伙）合伙企业纠纷上诉案（上海市第二中级人民法院民事判决书〔2016〕沪02民终7051号）

案件适用要点：有限合伙人应在法律规定的范围内合理行使自己的权利。我国《合伙企业法》第二十八条对合伙人的知情权作出了明确规定，合伙人为了解合伙企业的经营状况和财务状况，有权查阅合伙企业会计账簿等财务资料。由此可见，法律赋予合伙人的知情权仅限于查阅，而无复制权。我国公司法尚且对股东知情权范围中的复制权作出了相关限制，何况是合伙企业中的有限合伙人可能存在与合伙企业进行交易或产生同业竞争的情况。如任由有限合伙人复制合伙企业财务资料，可能将损害合伙企业的正当利益。故在目前法律无明确规定合伙人可以复制相关财务资料的情况下，不应对法律规定随意进行扩大理解。

第二十九条　提出异议权和撤销委托权

> 合伙人分别执行合伙事务的，执行事务合伙人可以对其他合伙人执行的事务提出异议。提出异议时，应当暂停该项事务的执行。如果发生争议，依照本法第三十条规定作出决定。

> 受委托执行合伙事务的合伙人不按照合伙协议或者全体合伙人的决定执行事务的,其他合伙人可以决定撤销该委托。

第三十条　合伙企业有关事项的表决办法

> 合伙人对合伙企业有关事项作出决议,按照合伙协议约定的表决办法办理。合伙协议未约定或者约定不明确的,实行合伙人一人一票并经全体合伙人过半数通过的表决办法。
> 本法对合伙企业的表决办法另有规定的,从其规定。

▶ **典型案例指引**

任某某与王某某等合伙企业纠纷上诉案(北京市第三中级人民法院民事判决书〔2016〕京03民终12753号)

案件适用要点: 任某某、王某某、杨某签订合伙协议后,设立了普通合伙企业甲事务所进行经营。甲事务所设立后,应依照《中华人民共和国合伙企业法》的规定从事经营活动。任某某诉讼请求是针对企业印章证照如何管理使用,以及企业是否应当与钱某某签订劳动合同的问题,有关损失的诉讼请求亦是基于企业印章证照如何管理使用的问题而提出的。企业印章证照如何管理使用以及企业是否应当与钱某某签订劳动合同问题属于合伙企业的合伙事务执行问题。依照《中华人民共和国合伙企业法》第二十九条第一款"合伙人分别执行合伙事务的,执行事务合伙人可以对其他合伙人执行的事务提出异议。提出异议时,应当暂停该项事务的执行。如果发生争议,依照本案第三十条规定作出决定"、第三十条第一款"合伙人对合伙企业有关事项作出决议,按照合伙协议约定的表决办法办理。合伙协议未约定或者约定不明确的,实行合伙人一人一票并经全体合伙人半数通过的表决办法"的规定,上述合伙企业的合伙事务执行问题属于合伙企业内部治理范畴,不属于人民法院受理民事诉讼的范围。

第三十一条　须经全体合伙人一致同意的事项

除合伙协议另有约定外，合伙企业的下列事项应当经全体合伙人一致同意：

（一）改变合伙企业的名称；

（二）改变合伙企业的经营范围、主要经营场所的地点；

（三）处分合伙企业的不动产；

（四）转让或者处分合伙企业的知识产权和其他财产权利；

（五）以合伙企业名义为他人提供担保；

（六）聘任合伙人以外的人担任合伙企业的经营管理人员。

▶ 理解与适用

这是关于须经全体合伙人一致同意的合伙企业事项的规定，但有个前提性条件，即合伙协议没有另有约定。这也体现了合伙协议优先的原则。依照本条的规定，除合伙协议另有约定外，应当经全体合伙人一致同意的事项主要是：

（1）改变合伙企业的名称。改变合伙企业名称既涉及每个合伙人的利益又涉及全体合伙人作为一个整体的"商誉"，所以应当经全体合伙人一致同意。

（2）改变合伙企业的经营范围、主要经营场所的地点。合伙企业的经营范围是指依法允许合伙企业从事生产经营的具体的商品品种类别或者服务项目，反映了合伙企业的生产经营活动的内容和方向，并体现着合伙企业的民事权利能力和行为能力。合伙企业的经营范围和主要经营场所的地点既是申请设立合伙企业所提交申请文件必备内容之一，也是合伙协议应当载明的事项，而合伙协议生效的前提是全体合伙人一致同意的意思表示，故而改变合伙企业的经营范围、主要经营场所的地点属于修改合伙协议的重大事项，依照本法应当经全体合伙人一致同意。

（3）处分合伙企业的不动产。所谓"不动产"，是指土地、附着于土地的建筑物及其他定着物、建筑物的固定附属设备等。合伙企业的不动产，是指合伙人的不动产出资和所有以合伙企业名义取得的不动产收益。合伙企业的不动产依法由全体合伙人共同管理和使用，未经全体合伙人一致同意，不得处分。

（4）转让或者处分合伙企业的知识产权和其他财产权利。所谓"知识产权"是指民事主体因创造性智力劳动成果而依法享有的一种民事权利；所谓"其他财产权利"，是指除土地使用权、知识产权以外的其他财产权利，如承包经营权、探矿权、采矿权等，这些权利可以依法转让，具有经济价值和经济利益。

（5）以合伙企业名义为他人提供担保。所谓"担保"，是保证债务清偿和债权实现的法律制度。

（6）聘任合伙人以外的人担任合伙企业的经营管理人员。由于聘任经营管理人员履行职务时实施的行为，其法律后果由合伙企业也就是全体合伙人来承担，同样事关每一个合伙人的利益。因此，也应当经全体合伙人一致同意方可决定聘任。

▶典型案例指引

吴某与云龙县某蘑菇场金矿股权转让纠纷上诉案（云南省高级人民法院民事判决书〔2008〕云高民二终字第124号）

案件适用要点：根据《合伙企业法》第31条规定：转让或者处分合伙企业的其他财产权利的，必须经全体合伙人一致同意。合伙企业属于人合性质的企业，合伙事务执行人赵某在未经高某明确授权，亦未得到高某追认的情况下签订的《矿山股份转让协议》应属无效。无效合同自签订之日起就不具备法律效力，对双方当事人不具有约束力，因此，本案协议不存在继续履行的问题。

第三十二条　竞业禁止和限制合伙人同本合伙企业交易

> 合伙人不得自营或者同他人合作经营与本合伙企业相竞争的业务。
>
> 除合伙协议另有约定或者经全体合伙人一致同意外，合伙人不得同本合伙企业进行交易。
>
> 合伙人不得从事损害本合伙企业利益的活动。

▶理解与适用

（1）禁止同业竞争。是指合伙人不得自营或同他人合作经营与本合伙企业经营业务相同或相关的业务。具体而言，"与本合伙企业相竞争的业务"，通常是指与本合伙企业经营业务相同或相关的业务；同业竞争的主要方式是自营或者同他人合作经营与本合伙企业相竞争的业务。

（2）禁止自我交易。这种限制是有前提条件的，即合伙协议另有约定或者全体合伙人一致同意的除外，也就是说，如果合伙协议另有约定或者经全体合伙人一致同意，合伙人是可以按照约定或者一致同意的意见与本合伙企业进行交易的。

（3）合伙人不得从事损害本合伙企业利益的活动。如合伙人为了密谋私利与第三人恶意串通损害合伙企业利益的活动。按照本法关于法律责任的规定，合伙人违反本法规定或者合伙协议的约定，从事与本合伙企业相竞争的业务或者与本合伙企业进行交易的，该收益归合伙企业所有；给合伙企业或者其他合伙人造成损失的，依法承担赔偿责任。

▶条文参见

《合伙企业法》第99条

第三十三条　利润分配和亏损分担

合伙企业的利润分配、亏损分担，按照合伙协议的约定办理；合伙协议未约定或者约定不明确的，由合伙人协商决定；协商不成的，由合伙人按照实缴出资比例分配、分担；无法确定出资比例的，由合伙人平均分配、分担。

合伙协议不得约定将全部利润分配给部分合伙人或者由部分合伙人承担全部亏损。

▶ 理解与适用

［合伙企业的损益分配］

合伙企业的损益分配首先应当按照合伙协议的约定办理，本法也是将利润分配和亏损分担方式作为合伙协议应当载明事项的；如果合伙协议未约定或者约定不明确的，则由合伙人协商决定；如果协商不成的，再由合伙人按照实缴出资比例分配、分担；如果无法确定出资比例的，最后由合伙人平均分配、分担，即无论出资多少、贡献大小，一律按合伙人数平均分配利润和分担亏损。

合伙协议不得约定将全部利润分配给部分合伙人或者由部分合伙人承担全部亏损。否则，合伙协议是无效的。

最后需要指出的是，由于采用有限合伙形式的风险投资企业，大多在协议中约定，有限合伙人可以在合伙企业成立后的前几年分取合伙企业的全部利润，以收回投资。为了鼓励、推动风险投资事业发展，法律应考虑有限合伙企业在利润分配上的这种特殊性，因此，本法在有限合伙企业一章中增加了一条规定："有限合伙企业不得将全部利润分配给部分合伙人；但是，合伙协议另有约定的除外"，这是本法根据有限合伙企业的特点，在利润分配问题上作出的不同于普通合伙企业且比普通合伙企业更加灵活的规定。

▶典型案例指引

谢甲与谢乙合伙纠纷上诉案（广东省广州市中级人民法院民事判决书〔2007〕穗中法民一终字第3544号）

案件适用要点：上诉人谢甲与被上诉人谢乙存在合伙关系，谢乙投入了资金，谢甲亦租赁了厂房进行了相应的准备工作。合伙人对于合伙经营的亏损额对外应负连带责任，但对内则应按照约定比例承担，并且不得约定由部分合伙人承担全部亏损。谢乙要求退还投资款，双方结束合伙关系，理应按双方约定比例分摊合伙企业筹备期间发生的费用。

第三十四条　增加或减少对合伙企业的出资

合伙人按照合伙协议的约定或者经全体合伙人决定，可以增加或者减少对合伙企业的出资。

第三十五条　经营管理人员

被聘任的合伙企业的经营管理人员应当在合伙企业授权范围内履行职务。

被聘任的合伙企业的经营管理人员，超越合伙企业授权范围履行职务，或者在履行职务过程中因故意或者重大过失给合伙企业造成损失的，依法承担赔偿责任。

第三十六条　财务、会计制度

合伙企业应当依照法律、行政法规的规定建立企业财务、会计制度。

第四节　合伙企业与第三人关系

第三十七条　保护善意第三人

合伙企业对合伙人执行合伙事务以及对外代表合伙企业权利的限制,不得对抗善意第三人。

▶ 理解与适用

[善意第三人]

这里的"善意第三人"是指按照诚实信用原则与合伙人进行了交易,并确信合伙人有权行使此项权利的人员。对于善意第三人,由于其在设定法律关系时不知道或者不能知道合伙人是存在权利瑕疵的,其在交易中所取得的财产或利益是无权的合伙人所让与并且是有偿取得的,那么为了维护交易的安全和社会经济关系的稳定,其权益理应得到法律保护。如果第三人明知合伙人没有此种权利或者根据正常的判断应当知道合伙人没有此种权利,则不是善意的第三人而是恶意的第三人。对于恶意第三人,合伙企业则有权对抗,其与合伙人所进行的交易对合伙企业不产生法律效力。

[合伙事务执行中的对外代表权]

合伙企业代表人在其权限范围内得以代表合伙企业,为了全体合伙人的利益,与第三人进行交易,其行为后果,由全体合伙人承担。

执行事务合伙人在事务执行权限范围内代表合伙企业的权利,与公司制企业中法定代表人的代表权相接近,但是法定代表人代表的是法人,而在合伙企业中的执行事务合伙人则是通过代表合伙企业来间接代表其他合伙人。

第三十八条　合伙企业对其债务先以其全部财产进行清偿

合伙企业对其债务，应先以其全部财产进行清偿。

▶理解与适用

（1）合伙企业对其债务应先以其全部财产进行清偿。所谓"应先以其全部财产进行清偿"，是指合伙企业的债务，应先由合伙企业的财产来承担，即在合伙企业拥有自己的财产时，合伙企业的债权人应先从合伙企业的全部财产中求偿，而不应当向合伙人个人直接求偿。

（2）在合伙企业以其全部财产对其债务进行清偿前，合伙人可否先以其自有财产对合伙企业的债务进行清偿呢？

对此法律未作明确规定，但在合伙协议有约定或合伙人自愿清偿的前提下，应认为是可以的。

▶条文参见

《个人独资企业法》第18条

▶典型案例指引

郑某与林某等买卖合同纠纷上诉案（浙江省温州市中级人民法院民事判决书〔2009〕浙温商终字第728号）

案件适用要点：被上诉人林某与原审被告某鞋厂鞋底买卖关系合法有效，受法律保护。某鞋厂结欠林某货款，应当清偿。某鞋厂虽没有在其企业名称中标明"普通合伙"字样，但实际上是普通合伙企业，首先应以自己的全部财产对林某的债务承担清偿责任；某鞋厂不能清偿的，全体合伙人应对债务承担无限连带责任。

第三十九条　无限连带责任

合伙企业不能清偿到期债务的，合伙人承担无限连带责任。

▶理解与适用

［合伙人的无限责任］

合伙人的无限责任，是指当合伙企业的全部财产不足以偿付到期债务时，各个合伙人承担合伙企业的债务不是以其出资额为限，而是必须以其自有财产来清偿合伙企业的债务。

［合伙人的连带责任］

合伙人的连带责任，是指当合伙企业的全部财产不足以偿付到期债务时，合伙企业的债权人对合伙企业所负的债务可以向任何一个合伙人主张，该合伙人不得拒绝。但是该合伙人在承担了合伙企业全部债务后，有权向其他合伙人追偿，其他合伙人对已经履行了合伙企业全部债务的合伙人，承担按份之债，即按自己应当承担的份额履行债务。

▶条文参见

《合伙企业法》第53、83、84、91条

▶典型案例指引

1. 耿某等与王某等民间借贷纠纷上诉案（安徽省高级人民法院民事判决书〔2009〕皖民一终字第0076号）

案件适用要点：因某铁矿系普通合伙企业，依照《合伙企业法》的有关规定，合伙企业不能清偿到期债务的，合伙人承担无限连带责任。王某、胡某系某铁矿的合伙人，对某铁矿的债务要承担无限连带责任。缪某对某铁矿的债务应当承担连带责任，涉案的借贷债务人虽系某铁矿，但《合作协议书》规定了缪某应负有保证性的责任。因此，缪某对某铁矿的债务负有连带责任。

2. 南通双盈贸易有限公司诉镇江市丹徒区联达机械厂、魏恒聚等六人买卖合同纠纷案（《最高人民法院公报》2011年第7期）

案件适用要点：一、在当事人约定合伙经营企业仍使用合

资前个人独资企业营业执照，且实际以合伙方式经营企业的情况下，应据实认定企业的性质。各合伙人共同决定企业的生产经营活动，也应共同对企业生产经营过程中对外所负的债务负责。合伙人故意不将企业的个人独资企业性质据实变更为合伙企业的行为，不应成为各合伙人不承担法律责任的理由。

二、合伙企业债务的承担分为两个层次：第一顺序的债务承担人是合伙企业，第二顺序的债务承担人是全体合伙人。合伙企业法第三十九条所谓的"连带责任"，是指合伙人在第二顺序的责任承担中相互之间所负的连带责任，而非合伙人与合伙企业之间的连带责任。

第四十条　追偿权

合伙人由于承担无限连带责任，清偿数额超过本法第三十三条第一款规定的其亏损分担比例的，有权向其他合伙人追偿。

第四十一条　相关债权人抵销权和代位权的限制

合伙人发生与合伙企业无关的债务，相关债权人不得以其债权抵销其对合伙企业的债务；也不得代位行使合伙人在合伙企业中的权利。

▶理解与适用

[对合伙人的债权人抵销权的限制]

（1）抵销权。是指二人互负债务时，各以其债权充当债务清偿，而使自己的债务与对方债务在对等的数额内消灭。

（2）对合伙人的债权人抵销权的限制：如果合伙人发生与合伙企业无关的债务，则合伙人只能以自有财产来进行清偿，而不能以其投入到合伙企业中的财产来履行清偿与合伙企业无关的债务。

［对合伙人的债权人代位权的限制］

（1）代位权。是指债权人以自己的名义行使债务人之权利的权利。

（2）对合伙人的债权人代位权的限制：合伙人发生与合伙企业无关的债务，相关债权人不得代位行使合伙人在合伙企业中的权利，如合伙企业财产管理权、转让份额权、企业财产出质同意权、事务执行权、监督检查权、提出异议权、重大事项决定权和利润分配权等。

第四十二条　以合伙企业中的财产份额偿还债务

合伙人的自有财产不足清偿其与合伙企业无关的债务的，该合伙人可以以其从合伙企业中分取的收益用于清偿；债权人也可以依法请求人民法院强制执行该合伙人在合伙企业中的财产份额用于清偿。

人民法院强制执行合伙人的财产份额时，应当通知全体合伙人，其他合伙人有优先购买权；其他合伙人未购买，又不同意将该财产份额转让给他人的，依照本法第五十一条的规定为该合伙人办理退伙结算，或者办理削减该合伙人相应财产份额的结算。

▶理解与适用

1. 合伙人自有财产不足以清偿其与合伙企业无关的债务时的处理办法。

（1）该合伙人可以以其从合伙企业中分取的收益用于清偿。

（2）债权人可以依法请求人民法院强制执行该合伙人在合伙企业中的财产份额用于清偿。并且，债权人只能获得合伙人在合伙企业的财产份额，而不能取得合伙人的身份，也不能行使合伙人在合伙企业的权利。

2. 法院强制执行合伙人的财产份额时，其他合伙人的权利义务。

（1）优先购买权。是指权利人在出卖人将特定财产出卖时享有的较其他任何人优先买得该财产的权利。人民法院强制执行合伙人的财产份额时，应当通知全体合伙人，在此前提下，其他合伙人有优先购买权。

（2）如果其他合伙人未购买，又不同意将该财产份额转让给他人的，其他合伙人则有义务依照本法第五十一条的规定为该合伙人办理退伙结算，或者办理削减该合伙人相应财产份额的结算。

▶条文参见

《合伙企业法》第51条

第五节　入伙、退伙

第四十三条　入伙

新合伙人入伙，除合伙协议另有约定外，应当经全体合伙人一致同意，并依法订立书面入伙协议。

订立入伙协议时，原合伙人应当向新合伙人如实告知原合伙企业的经营状况和财务状况。

▶理解与适用

新合伙人入伙的条件和程序：

（1）须经全体合伙人一致同意；

（2）合伙协议无相反约定；

（3）依法订立书面入伙协议。

▶典型案例指引

平江县某采石场与寻某、龙某合伙协议纠纷案（湖南省长沙市中级人民法院民事判决书〔2009〕长中民二终字第2630号）

案件适用要点：根据《合伙企业法》第43条第1款规定，新合伙人入伙，除合伙协议另有约定外，应当经全体合伙人一致同意，并依法订立书面入伙协议。寻某在入伙时，仅与平江县某采石场法定代表人陈某签订入伙协议，并加盖平江县某采石场公章，没有征得其他合伙人的同意，而合伙协议中又无特别约定，该入伙协议无效。寻某起诉之后合伙人再对协议予以追认，不影响该入伙协议无效的事实。造成入伙协议无效的原因是平江县某采石场在新合伙人寻某入伙时没有履行法定程序，平江县某采石场应承担相应的民事责任。

第四十四条 新合伙人的权利、责任

> 入伙的新合伙人与原合伙人享有同等权利，承担同等责任。入伙协议另有约定的，从其约定。
> 新合伙人对入伙前合伙企业的债务承担无限连带责任。

▶理解与适用

（1）新入伙人的权利：与原合伙人享有同等权利，主要包括合伙企业对外代表权、合伙企业事务执行权、合伙企业事务知悉权、合伙企业账簿查阅权、合伙企业事务表决权、合伙企业利润分配权、合伙企业剩余财产分配权、退伙权等。

（2）新入伙人的义务：与原合伙人承担同等义务，主要包括认缴出资、合伙企业事务执行、合伙企业竞业禁止、合伙企业亏损分担，等等。

（3）新入伙人的责任：无限连带责任。这里所说的"无限连带责任"，是指合伙企业的投资人除承担企业债务分到自己名下的份额外，还需对企业其他投资人名下的债务份额承担的连带性义务，即当其他投资人无力偿还其名下的债务份额时，自己有义务代其偿还债务份额。债权人也有权要求负有连带责任的人与债务人共同承担偿付债务的义务。具体包括：对入伙前合伙企业的债务承担无限连带责任。

▶条文参见

《合伙企业法》第 24、77 条

▶典型案例指引

曾某等与李某承揽合同纠纷上诉案（江西省赣州市中级人民法院民事判决书〔2009〕赣中民四终字第 19 号）

案件适用要点：根据《合伙企业法》第 44 条第 2 款之规定，新合伙人对入伙前合伙企业的债务承担无限连带责任。本案中，曾某文于 2008 年 4 月份入伙某服饰有限公司分厂，则其应对之前某服饰有限公司分厂的债务承担无限连带责任。曾某文以其未与李某发生业务加工关系，不应承担清偿责任的上诉理由不能成立，法院不予支持。

第四十五条　约定合伙期限的退伙

> 合伙协议约定合伙期限的，在合伙企业存续期间，有下列情形之一的，合伙人可以退伙：
> （一）合伙协议约定的退伙事由出现；
> （二）经全体合伙人一致同意；
> （三）发生合伙人难以继续参加合伙的事由；
> （四）其他合伙人严重违反合伙协议约定的义务。

▶理解与适用

[退伙]

退伙，是指合伙人身份归于消灭的法律事实。退伙的原因，可以是基于合伙人的意思表示，也可以基于与合伙人本人意志无关的事件。

[退伙的效力]

对退伙者本人而言，退伙使其合伙人身份归于消灭，失去共有人的资格；对合伙企业财产而言，退伙将导致部分出资的返还、盈余部分的分配或亏损的分担；对其他合伙人而言，退伙涉及合伙企业是否继续存在及是否要求退伙人承担赔偿责任的问题；对合伙企业的债权人而言，一人退伙即意味着减少了一个债务担保人和一份担保财产。

［退伙的种类］

退伙分为协议退伙、声明退伙、法定退伙、除名退伙。

［声明退伙］

本条规定的为声明退伙，也称为自愿退伙，是指基于合伙人的自愿而退伙，一般须有正当理由。否则，就是违规退伙，属于违约行为，应当赔偿由此给其他合伙人造成的损失。

第四十六条　未约定合伙期限的退伙

合伙协议未约定合伙期限的，合伙人在不给合伙企业事务执行造成不利影响的情况下，可以退伙，但应当提前三十日通知其他合伙人。

▶理解与适用

［未约定合伙期限的退伙］

合伙协议可以约定合伙企业经营期限，也可以不约定合伙企业经营期限，这由合伙人自行决定。合伙人未约定合伙企业经营期限的，合伙人可以随时退伙。

［未约定合伙期限的退伙条件］

（1）实质性条件：不得给合伙企业事务执行造成不利影响。

（2）程序性条件：应当提前三十日通知其他合伙人。主要是基于以下因素考虑：一是便于其他合伙人能够及时就该合伙企业存续事宜作出安排；二是便于合伙企业能够就合伙人退伙问题作出安排。

第四十七条　违规退伙的法律责任

合伙人违反本法第四十五条、第四十六条的规定退伙的，应当赔偿由此给合伙企业造成的损失。

第四十八条　当然退伙

合伙人有下列情形之一的，当然退伙：
（一）作为合伙人的自然人死亡或者被依法宣告死亡；
（二）个人丧失偿债能力；
（三）作为合伙人的法人或者其他组织依法被吊销营业执照、责令关闭、撤销，或者被宣告破产；
（四）法律规定或者合伙协议约定合伙人必须具有相关资格而丧失该资格；
（五）合伙人在合伙企业中的全部财产份额被人民法院强制执行。

合伙人被依法认定为无民事行为能力人或者限制民事行为能力人的，经其他合伙人一致同意，可以依法转为有限合伙人，普通合伙企业依法转为有限合伙企业。其他合伙人未能一致同意的，该无民事行为能力或者限制民事行为能力的合伙人退伙。

退伙事由实际发生之日为退伙生效日。

▶理解与适用

[法定退伙]

1. 定义。法定退伙，又称当然退伙，是指出现法律规定的原因或条件，而导致的合伙人资格的消灭。法定退伙是一种当然退伙，合伙协议对此有相反约定的为无效约定。

2. 法定退伙的情形

（1）作为合伙人的自然人死亡或者被依法宣告死亡。由于人身权利的不可替代性和不可继承性，合伙人死亡后，除依照合伙协议的约定或者经全体合伙人同意外，其继承人只能继承其在合伙企业中的财产权利，而不能继承其在合伙企业中的人身权利，因此，其继承人也就不能当然具有合伙人的地位和身份。

(2) 个人丧失偿债能力。个人偿债能力,是指个人用其资产偿还长短期债务的能力。对个人而言,其有无支付现金的能力和偿还债务能力,是其能否健康发展的关键。

(3) 作为合伙人的法人或者其他组织被依法吊销营业执照、责令关闭、撤销或者被宣告破产。

(4) 法律规定或者合伙协议约定合伙人必须具有相关资格而丧失该资格。在我国的社会经济体系中,出于安全、稳健、适度发展的需要,国家规定企业在经营相关行业时,需要具有相应的资格条件,如经营烟花爆竹、烟草产品等,需要特种行业经营资格。如果不具备或者失去这种资格,则意味着失去经营能力。

(5) 合伙人在合伙企业中的全部财产份额被人民法院强制执行。合伙人必须对合伙企业出资,而资本是合伙企业存续的三大要素之一。当合伙人在合伙企业中的全部财产份额被人民法院强制执行时,表明合伙人在合伙企业中存续的基础丧失。这里的强制执行是广义的概念,既包括民事执行,也包括一部分行政执行。

[合伙人被依法认定为无民事行为能力人或者限制民事行为能力人的处理]

1. 限制民事行为能力人。限制民事行为能力人包括:(1) 八周岁以上不满十八周岁的未成年人;(2) 不能完全辨认自己行为的成年人。限制民事行为能力人可以进行与他的年龄、智力以及精神健康状况相适应的民事活动;其他民事活动由他的法定代理人代理,或者征得他的法定代理人的同意。否则其进行的民事活动无效。

2. 无民事行为能力人。无民事行为能力人包括:(1) 不满八周岁的未成年人;(2) 不能辨认自己行为的八周岁以上的自然人。无民事行为能力人不能独立进行民事活动,必须由他的法定代理人代理民事活动。否则其进行的民事活动无效。但无民事行为能力人和限制民事行为能力人接受奖励、赠与、报酬的行为有效。

3. 具体处理办法。合伙人被依法认定为无民事行为能力人或者限制民事行为能力人的，经其他合伙人一致同意，可以依法转为有限合伙人，普通合伙企业依法转为有限合伙企业；其他合伙人未能一致同意的，该无民事行为能力或者限制民事行为能力的合伙人退伙。

[退伙生效日]

退伙事由实际发生之日即为退伙生效日。

▶条文参见

《合伙企业法》第50、78条

▶典型案例指引

马某等与韩某合伙企业纠纷上诉案（青海省海东地区中级人民法院民事判决书〔2005〕东经终字第18号）

案件适用要点：本案中，该合伙企业由三个合伙人投资并经营，在经营期间一方合伙人韩甲死亡。依法律规定，合伙人之一死亡应属法定退伙的情形，应先对合伙企业进行退伙清算，在明确合伙人各自的合伙份额后，再由其继承人继承应得份额。但因在一审中双方当事人未明确要求对合伙企业进行退伙清算，继承人的诉讼请求不明确，只要求分割合伙企业的利润。双方当事人不向法院提供完整的财务账目等相关资料，无法确认合伙企业的经营状况。故一审法院仅对账目齐全有相关资料的1998年至1999年两年间合伙企业经营账目，委托有资质的审计部门作出的审计鉴定结论结合合伙协议约定，判决二合伙人均分利润。同时，鉴于对该合伙企业的总资产和经营盈亏未进行退伙清算，对其他主张和诉讼请求，本案不宜涉及。应在双方当事人对合伙企业进行退伙清算时一并作出处理。

第四十九条　除名退伙

合伙人有下列情形之一的，经其他合伙人一致同意，可以决议将其除名：

（一）未履行出资义务；

（二）因故意或者重大过失给合伙企业造成损失；

（三）执行合伙事务时有不正当行为；

（四）发生合伙协议约定的事由。

对合伙人的除名决议应当书面通知被除名人。被除名人接到除名通知之日，除名生效，被除名人退伙。

被除名人对除名决议有异议的，可以自接到除名通知之日起三十日内，向人民法院起诉。

▶ 理解与适用

［除名退伙］

除名退伙，又称开除退伙，是指当某一合伙人违反有关法律法规或合伙协议的规定时，被其他合伙人一致同意开除退伙的情形。

［除名退伙的事由］

（1）未履行出资义务。

未履行出资义务，是合伙人在合伙协议约定的缴付出资期限内，无故不履行其出资义务，从而构成违反合伙协议的毁约行为。因此，合伙人未履行出资义务主要是指合伙人拒绝或者不能履行出资义务的行为，如果合伙人履行了部分出资义务，则不应属于未履行出资义务的情形。

（2）因故意或者重大过失给合伙企业造成损失。

在合伙企业存续期间，每个合伙人都负有相同的诚信义务，包括注意义务和忠实义务。所谓注意义务是指合伙人在履行自己职责和行使权利的过程中，应对企业、企业的其他合伙人和债权人承担适当和合理履行职责及行使权利的义务；所谓忠实义务,是指合伙人在履行自己职责和行使自己权利的过程中,必须最大限度地维护合伙企业、其他合伙人和债权人的利益,不得为自己谋取私利。如果合伙人因故意或者重大过失而给合伙企业造成损失的,合伙企业有权将其除名,并要求其赔偿损失。

(3)执行合伙企业事务时有不正当行为。

(4)发生合伙协议约定的事由。

[除名退伙的程序]

(1)经其他合伙人的一致同意。

(2)合伙企业作出除名决议。除名决议一般采用书面形式,并载有除名事由。

(3)将除名决议书面通知被除名人。自被除名人接到除名通知之日起,除名生效,被除名人退伙。

[除名退伙的救济]

被除名人对除名决议有异议的,可以在接到除名通知之日起三十日内,依法向人民法院起诉,请求确认该合伙企业的开除退伙决定无效。

第五十条 合伙人死亡时财产份额的继承

合伙人死亡或者被依法宣告死亡的,对该合伙人在合伙企业中的财产份额享有合法继承权的继承人,按照合伙协议的约定或者经全体合伙人一致同意,从继承开始之日起,取得该合伙企业的合伙人资格。

有下列情形之一的,合伙企业应当向合伙人的继承人退还被继承合伙人的财产份额:

(一)继承人不愿意成为合伙人的;

(二)法律规定或者合伙协议约定合伙人必须具有相关资格,而该继承人未取得该资格;

(三)合伙协议约定不能成为合伙人的其他情形。

合伙人的继承人为无民事行为能力人或者限制民事行为能力人的，经全体合伙人一致同意，可以依法成为有限合伙人，普通合伙企业依法转为有限合伙企业。全体合伙人未能一致同意的，合伙企业应当将被继承合伙人的财产份额退还该继承人。

▶理解与适用

合伙企业的合伙人死亡时，其合法继承人的财产继承权如果涉及合伙人在合伙企业中的财产份额，也并不当然因继承权而成为合伙人，而要经过一定的程序才能取得合伙人资格。合伙人的继承人取得合伙人的资格需要满足以下条件：

（1）继承人必须对死亡的合伙人在合伙企业中的财产份额享有合法的继承权；

（2）按照合伙协议的约定或者经过全体合伙人的同意；

（3）死亡的合伙人的继承人取得该合伙企业的合伙人资格，从继承开始之日起获得。

第五十一条　退伙结算

合伙人退伙，其他合伙人应当与该退伙人按照退伙时的合伙企业财产状况进行结算，退还退伙人的财产份额。退伙人对给合伙企业造成的损失负有赔偿责任的，相应扣减其应当赔偿的数额。

退伙时有未了结的合伙企业事务的，待该事务了结后进行结算。

▶理解与适用

本条是关于合伙人退伙结算的规定。

▶典型案例指引

张某、黄某明等与梁某合伙纠纷上诉案（江西省赣州市中

级人民法院民事判决书〔2008〕赣中民四终字第105号）

案件适用要点：梁某与黄某明、张某、黄某增签订的《合资兴建江西省某水电站出资协议书》明确规定黄某明、张某占电站股权的80%，黄某增、梁某各占10%的股份，梁某虽未依约定按时履行全部出资义务，但其已实际出资30万元。黄某明、张某、黄某增以梁某未按时足额出资为由将梁某从合伙人中除名，但除名决议没有以书面形式通知梁某，没有进行退伙结算，也没有将梁某的出资全部退回，黄某明、张某、黄某增的行为违反了《合伙企业法》第49条、第51条的规定。梁某应承担未履行足额出资义务的责任，可另循其他合法途径解决，而不应作为自动退伙处理。

第五十二条　退伙人财产份额的退还办法

退伙人在合伙企业中财产份额的退还办法，由合伙协议约定或者由全体合伙人决定，可以退还货币，也可以退还实物。

第五十三条　退伙人对退伙前企业债务的责任

退伙人对基于其退伙前的原因发生的合伙企业债务，承担无限连带责任。

▶理解与适用

（1）退伙人责任的承担仅限于合伙企业的债务。这里所说的"合伙企业的债务"，是指合伙企业存续期间，因对第三人的行为所产生的相关债务，如侵权之债、合同之债等。

（2）退伙人仅对其退伙前已发生的合伙企业债务承担责任。这里的退伙前是指退伙生效日之前。

（3）退伙人与其他合伙人共同对退伙人退伙前已经发生的债务承担无限连带责任。

▶条文参见

《合伙企业法》第 39 条

▶典型案例指引

管某与李某承揽合同纠纷上诉案（浙江省台州市中级人民法院民事判决书〔2009〕浙台商终字第 397 号）

案件适用要点：法院审理认为，玉环县某除尘设备厂系管某、马某投资开办的普通合伙企业，管某、马某应当按照出资比例承担无限连带责任，虽然马某在 2005 年 2 月退伙，但仍应对基于退伙前发生的合伙企业债务，承担无限连带责任。

第五十四条　退伙时分担亏损

合伙人退伙时，合伙企业财产少于合伙企业债务的，退伙人应当依照本法第三十三条第一款的规定分担亏损。

第六节　特殊的普通合伙企业

第五十五条　特殊普通合伙企业的设立

以专业知识和专门技能为客户提供有偿服务的专业服务机构，可以设立为特殊的普通合伙企业。

特殊的普通合伙企业是指合伙人依照本法第五十七条的规定承担责任的普通合伙企业。

特殊的普通合伙企业适用本节规定；本节未作规定的，适用本章第一节至第五节的规定。

▶理解与适用

专业服务机构，主要包括会计师事务所、评估师事务所、律师事务所、建筑师事务所等。非专业服务机构不能采取特殊的普通合伙企业形式。

特殊的普通合伙企业相对于普通合伙企业，主要区别在于：

承担责任的原则不同。普通合伙企业由普通合伙人组成，合伙人对合伙企业债务承担无限连带责任。特殊普通合伙企业中，对合伙人本人执业行为中因故意或者重大过失引起的合伙企业债务，其他合伙人以其在合伙企业中的财产份额为限承担责任；执业行为中有故意或者重大过失的合伙人，应当承担无限连带责任。对合伙人本人执业行为中非因故意或者重大过失引起的合伙企业债务和合伙企业的其他债务，全体合伙人承担无限连带责任。也就是说，在这种合伙中各合伙人仍对合伙债务承担无限连带责任，但这种责任仅局限于合伙人本人业务范围及过错，即对企业形成的债务属于本人职责范围且由本人的过错所导致的方承担无限责任，对于其他合伙人职责范围或过错所导致的债务不负连带责任。

第五十六条　名称

特殊的普通合伙企业名称中应当标明"特殊普通合伙"字样。

第五十七条　责任形式

一个合伙人或者数个合伙人在执业活动中因故意或者重大过失造成合伙企业债务的，应当承担无限责任或者无限连带责任，其他合伙人以其在合伙企业中的财产份额为限承担责任。

合伙人在执业活动中非因故意或者重大过失造成的合伙企业债务以及合伙企业的其他债务，由全体合伙人承担无限连带责任。

▶理解与适用

［特殊的普通合伙企业的责任形式］

根据本条的规定，特殊普通合伙企业的责任形式分为以下几种：

（1）有限责任与无限连带责任相结合

对一个合伙人或者数个合伙人在执业活动中的故意或者重大过失行为与其他合伙人相区别对待：对于负有重大责任的合伙人应当承担无限责任或者无限连带责任，其他合伙人只能以其在合伙企业中的财产份额为限承担责任。

（2）无限连带责任

对合伙人本人执业行为中非因故意或者重大过失引起的合伙企业债务和合伙企业的其他债务，全体合伙人承担无限连带责任。合伙人对于在执业过程中不存在重大过错，既没有故意，也不存在重大过失，仅因一般过失而引起的合伙企业债务和合伙企业的其他债务，也在本原则规定的范围内予以承担。

▶条文参见

《合伙企业法》第39、74条

第五十八条　合伙人过错的赔偿责任

合伙人执业活动中因故意或者重大过失造成的合伙企业债务，以合伙企业财产对外承担责任后，该合伙人应当按照合伙协议的约定对给合伙企业造成的损失承担赔偿责任。

第五十九条　执业风险基金和职业保险

特殊的普通合伙企业应当建立执业风险基金、办理职业保险。

执业风险基金用于偿付合伙人执业活动造成的债务。执业风险基金应当单独立户管理。具体管理办法由国务院规定。

第三章　有限合伙企业

第六十条　有限合伙企业的法律适用

有限合伙企业及其合伙人适用本章规定；本章未作规定的，适用本法第二章第一节至第五节关于普通合伙企业及其合伙人的规定。

▶理解与适用

[有限合伙企业]

有限合伙企业，通常是指由有限合伙人和普通合伙人共同组成的，普通合伙人对合伙企业债务承担无限连带责任，有限合伙人以其认缴的出资额为限对合伙企业债务承担责任的合伙组织。

有限合伙企业法律制度对普通合伙企业法律制度的继受，主要体现在有限合伙企业对外关系的制度安排中，突出表现为：有限合伙企业与普通合伙企业在组织整体设计中具有"同一性"，即两者具有相同的法律地位，享受相同的税收待遇，承担相同的法律责任。

而有限合伙企业法律制度对普通合伙企业法律制度的创新则主要体现在组织的微观设计上，集中表现为有限合伙企业与普通合伙企业内部关系的"差异性"，即有限合伙企业的成员被划分为有限合伙人和普通合伙人两部分。这两部分合伙人在主体资格、权利享有、义务承受与责任承担等方面存在明显的差异。

与普通合伙和公司相比较，有限合伙企业制度的优势在于其兼采了普通合伙的人合因素和有限公司的资合因素，具有以下显著特征：

（1）在经营管理上，有限合伙企业中，有限合伙人一般不参与合伙的具体经营管理，而由普通合伙人从事具体的经营管理。

（2）在风险承担上，有限合伙企业中不同类型的合伙人所承担的责任则存在差异，其中有限合伙人以其认缴的出资额为限承担有限责任，普通合伙人则承担无限连带责任。

第六十一条　合伙人人数以及要求

有限合伙企业由二个以上五十个以下合伙人设立；但是，法律另有规定的除外。

有限合伙企业至少应当有一个普通合伙人。

第六十二条　名称

有限合伙企业名称中应当标明"有限合伙"字样。

第六十三条　合伙协议内容

合伙协议除符合本法第十八条的规定外，还应当载明下列事项：

（一）普通合伙人和有限合伙人的姓名或者名称、住所；

（二）执行事务合伙人应具备的条件和选择程序；

（三）执行事务合伙人权限与违约处理办法；

（四）执行事务合伙人的除名条件和更换程序；

（五）有限合伙人入伙、退伙的条件、程序以及相关责任；

（六）有限合伙人和普通合伙人相互转变程序。

▶理解与适用

有限合伙人与普通合伙人可以相互转变，但是必须保证转换后的合伙企业有普通合伙人。有限合伙人与普通合伙人的转变程序可以在合伙协议中作出具体的规定。如果合伙协议没有特别约定时，有限合伙人与普通合伙人相互转变，应当经全体合伙人一致同意。

▶条文参见

《合伙企业法》第61、75条

第六十四条　出资方式

有限合伙人可以用货币、实物、知识产权、土地使用权或者其他财产权利作价出资。

有限合伙人不得以劳务出资。

▶理解与适用

有限合伙人不得以劳务出资，是指有限合伙人不得以自己的劳动作为向合伙企业的出资。因为，与普通合伙人不同，有限合伙人并不参与有限合伙企业的日常经营管理活动。

▶条文参见

《合伙企业法》第16条；《公司法》第27、82条

第六十五条　出资义务的履行

有限合伙人应当按照合伙协议的约定按期足额缴纳出资；未按期足额缴纳的，应当承担补缴义务，并对其他合伙人承担违约责任。

第六十六条　登记事项

有限合伙企业登记事项中应当载明有限合伙人的姓名或者名称及认缴的出资数额。

第六十七条　合伙事务执行

有限合伙企业由普通合伙人执行合伙事务。执行事务合伙人可以要求在合伙协议中确定执行事务的报酬及报酬提取方式。

第六十八条　合伙事务执行禁止

> 有限合伙人不执行合伙事务，不得对外代表有限合伙企业。
>
> 有限合伙人的下列行为，不视为执行合伙事务：
> （一）参与决定普通合伙人入伙、退伙；
> （二）对企业的经营管理提出建议；
> （三）参与选择承办有限合伙企业审计业务的会计师事务所；
> （四）获取经审计的有限合伙企业财务会计报告；
> （五）对涉及自身利益的情况，查阅有限合伙企业财务会计账簿等财务资料；
> （六）在有限合伙企业中的利益受到侵害时，向有责任的合伙人主张权利或者提起诉讼；
> （七）执行事务合伙人怠于行使权利时，督促其行使权利或者为了本企业的利益以自己的名义提起诉讼；
> （八）依法为本企业提供担保。

▶典型案例指引

1. 世欣荣和投资管理股份有限公司与长安国际信托股份有限公司等信托合同纠纷案（《最高人民法院公报》2016 年第 12 期）

案件适用要点：有限合伙企业中，如果执行事务合伙人怠于行使诉讼权利时，不执行合伙事务的有限合伙人可以为了合伙企业的利益以自己的名义提起诉讼。

2. 安徽某房地产开发有限公司与焦某等借款合同纠纷上诉案（最高人民法院民事判决书〔2016〕最高法民终 756 号）

案件适用要点：《中华人民共和国合伙企业法》第六十八条第二款第七项规定，执行事务合伙人怠于行使权利时，有限合伙人督促其行使权利或者为了本企业的利益以自己的名义提起诉讼,不视为执行合伙事务。该条款赋予了合伙企业的有限合伙人以自己的名义代表合伙企业提起诉讼的权利,且并未限定其在个人出资额范围内提出诉讼请求,只要满足以合伙企业的利益为目的这一要求即可。

第六十九条　利润分配

有限合伙企业不得将全部利润分配给部分合伙人;但是,合伙协议另有约定的除外。

▶理解与适用

普通合伙在任何情况下,都不得将全部利润分配给部分合伙人;而有限合伙在合伙协议有约定的情况下,可以将全部利润分配给部分合伙人。

▶条文参见

《合伙企业法》第33条

第七十条　有限合伙人与本有限合伙企业交易

有限合伙人可以同本有限合伙企业进行交易;但是,合伙协议另有约定的除外。

▶理解与适用

普通合伙人不得与本合伙企业进行自我交易;而有限合伙人可以与本有限合伙企业进行交易,除非合伙协议中约定不允许。

第七十一条　有限合伙人经营与本有限合伙企业相竞争业务

有限合伙人可以自营或者同他人合作经营与本有限合伙企业相竞争的业务;但是,合伙协议另有约定的除外。

▶理解与适用

普通合伙企业有禁止同业竞争的规定；而有限合伙人一般不承担竞业禁止的义务，除非合伙协议中对有限合伙人的竞业禁止义务作出规定。

第七十二条　有限合伙人财产份额的出质

有限合伙人可以将其在有限合伙企业中的财产份额出质；但是，合伙协议另有约定的除外。

▶理解与适用

普通合伙企业不允许合伙人以其财产份额出质；而有限合伙人可以将其在有限合伙企业中的财产份额出质，除非合伙协议另有约定。

第七十三条　有限合伙人财产份额对外转让

有限合伙人可以按照合伙协议的约定向合伙人以外的人转让其在有限合伙企业中的财产份额，但应当提前三十日通知其他合伙人。

第七十四条　有限合伙人以合伙企业中的财产份额偿还债务

有限合伙人的自有财产不足清偿其与合伙企业无关的债务的，该合伙人可以以其从有限合伙企业中分取的收益用于清偿；债权人也可以依法请求人民法院强制执行该合伙人在有限合伙企业中的财产份额用于清偿。

人民法院强制执行有限合伙人的财产份额时，应当通知全体合伙人。在同等条件下，其他合伙人有优先购买权。

第七十五条　合伙人结构变化时的处理

有限合伙企业仅剩有限合伙人的,应当解散;有限合伙企业仅剩普通合伙人的,转为普通合伙企业。

第七十六条　表见代理及无权代理

第三人有理由相信有限合伙人为普通合伙人并与其交易的,该有限合伙人对该笔交易承担与普通合伙人同样的责任。

有限合伙人未经授权以有限合伙企业名义与他人进行交易,给有限合伙企业或者其他合伙人造成损失的,该有限合伙人应当承担赔偿责任。

▶理解与适用

[有限合伙人的表见代理]

(1) 定义。有限合伙人的表见代理,是指有限合伙人无权代表有限合伙企业对外进行交易,但有限合伙人的表象使交易相对人相信其为普通合伙人,可以代表有限合伙企业对外负责事务执行,这是由有限合伙人对无过失的相对人承担责任的一种特殊安排。

(2) 责任承担。由有限合伙人承担。这也是有限合伙人的表见代理与一般的表见代理的区别,一般的表见代理的责任人为被代理人。

[有限合伙人的无权代理]

有限合伙人的无权代理,是指有限合伙人没有获得有限合伙企业事务执行人的任何授权,却以有限合伙企业或者普通合伙人的名义与他人进行交易,由此造成的损失由有限合伙人自行赔偿。有限合伙人的无权代理与有限合伙人的越权代理不同。在无权代理中,代理人没有获得委托人的代理授权;而在越权代理中,代理人获得了委托人的代理授权。

第七十七条　新入伙有限合伙人的责任

新入伙的有限合伙人对入伙前有限合伙企业的债务，以其认缴的出资额为限承担责任。

第七十八条　有限合伙人当然退伙

有限合伙人有本法第四十八条第一款第一项、第三项至第五项所列情形之一的，当然退伙。

▶理解与适用

有限合伙人出现下列情形时当然退伙：一是作为合伙人的自然人死亡或者被宣告死亡；二是作为合伙人的法人或者其他组织被依法吊销营业执照、责令关闭、撤销或者被宣告破产；三是法律规定或者合伙协议约定合伙人必须具有相关资格而丧失该资格；四是合伙人在合伙企业中的全部财产份额被人民法院强制执行。

▶条文参见

《合伙企业法》第48条

第七十九条　有限合伙人丧失民事行为能力时不得被退伙

作为有限合伙人的自然人在有限合伙企业存续期间丧失民事行为能力的，其他合伙人不得因此要求其退伙。

▶理解与适用

有限合伙人的民事行为能力是指有限合伙人通过自己的行为取得民事权利、履行民事义务的能力或资格。有限合伙人对有限合伙企业只进行投资，而不负责事务执行。因此，作为有限合伙人的自然人在有限合伙企业存续期间丧失民事行为能力，并不影响有限合伙企业的正常生产经营活动，其他合伙人不能要求该丧失民事行为能力的合伙人退伙。也就是说，限制行为能力人、无行为能力人可以作为有限合伙人。

第八十条　有限合伙人死亡或者终止时的资格继受

作为有限合伙人的自然人死亡、被依法宣告死亡或者作为有限合伙人的法人及其他组织终止时，其继承人或者权利承受人可以依法取得该有限合伙人在有限合伙企业中的资格。

第八十一条　有限合伙人退伙后的责任承担

有限合伙人退伙后，对基于其退伙前的原因发生的有限合伙企业债务，以其退伙时从有限合伙企业中取回的财产承担责任。

第八十二条　合伙人类型转变

除合伙协议另有约定外，普通合伙人转变为有限合伙人，或者有限合伙人转变为普通合伙人，应当经全体合伙人一致同意。

第八十三条　有限合伙人转变为普通合伙人的债务承担

有限合伙人转变为普通合伙人的，对其作为有限合伙人期间有限合伙企业发生的债务承担无限连带责任。

▶理解与适用

有限合伙人转变为普通合伙人后的债务责任承担：对其作为有限合伙人期间有限合伙企业发生的债务承担无限连带责任。

▶条文参见

《合伙企业法》第39、91条

第八十四条　普通合伙人转变为有限合伙人的债务承担

普通合伙人转变为有限合伙人的，对其作为普通合伙人期间合伙企业发生的债务承担无限连带责任。

▶理解与适用

普通合伙人转变为有限合伙人后的债务责任承担：对其作为普通合伙人期间合伙企业发生的债务承担无限连带责任。

▶条文参见

《合伙企业法》第39、91条

第四章　合伙企业解散、清算

第八十五条　解散的情形

合伙企业有下列情形之一的，应当解散：

（一）合伙期限届满，合伙人决定不再经营；
（二）合伙协议约定的解散事由出现；
（三）全体合伙人决定解散；
（四）合伙人已不具备法定人数满三十天；
（五）合伙协议约定的合伙目的已经实现或者无法实现；
（六）依法被吊销营业执照、责令关闭或者被撤销；
（七）法律、行政法规规定的其他原因。

▶理解与适用

［合伙企业的解散］

（1）定义。合伙企业的解散是指合伙企业因某些法律事实的发生而使其民事主体资格归于消灭的法律行为。

（2）解散事由。合伙企业解散的事由，又称为合伙企业解散的原因，它是指导致合伙企业解散的法律事实。根据合伙企业解散是否出于自愿，合伙企业解散的事由分为两类：一类是任意解散事由；一类是强制解散事由。前者是基于合伙企业合伙人的自愿而解散；后者是合伙企业基于法律或者行政法规的规定而被迫解散。

▶典型案例指引

徐某与肖某个人合伙企业纠纷上诉案（浙江省高级人民法院民事裁定书〔2006〕浙民三终字第22号）

案件适用要点：上诉人在本案中提供的证据和提出的解散理由，尚不足以认定合伙企业已经具备了解散的条件。在合伙人认为难以继续参与合伙经营的情况下，也可以根据《合伙企业法》的其他规定，通过退伙的方式处分自己的权利。本案中，徐某没有提供确切的证据表明企业经营管理发生严重困难，继续存续会使其利益受到重大损失，且通过其他途径也不能解决。故该合伙企业不具备解散条件。

第八十六条 清算

合伙企业解散，应当由清算人进行清算。

清算人由全体合伙人担任；经全体合伙人过半数同意，可以自合伙企业解散事由出现后十五日内指定一个或者数个合伙人，或者委托第三人，担任清算人。

自合伙企业解散事由出现之日起十五日内未确定清算人的，合伙人或者其他利害关系人可以申请人民法院指定清算人。

▶理解与适用

［合伙企业的清算］

合伙企业清算，是指合伙企业解散宣告后，依照法定程序清偿合伙企业债权债务，处理合伙企业剩余财产，待了结合伙企业各种法律关系后，向企业登记机关申请注销登记，使合伙企业资格归于消灭的程序。

[清算内容]

合伙企业的清算主要包括以下内容：

（1）确定清算人。具体分为三种情形：一是由全体合伙人担任清算人。二是由合伙人指定或者委托清算人。三是由人民法院指定清算人。

（2）清算人依法执行相关事务。

（3）通知债权人。

（4）依法定顺序清偿债务。

（5）清算结束申请注销登记。

（6）注销登记后合伙人依法承担责任。

▶条文参见

《公司法》第184条

第八十七条　清算人在清算期间所执行的事务

清算人在清算期间执行下列事务：

（一）清理合伙企业财产，分别编制资产负债表和财产清单；

（二）处理与清算有关的合伙企业未了结事务；

（三）清缴所欠税款；

（四）清理债权、债务；

（五）处理合伙企业清偿债务后的剩余财产；

（六）代表合伙企业参加诉讼或者仲裁活动。

第八十八条　债权申报

清算人自被确定之日起十日内将合伙企业解散事项通知债权人，并于六十日内在报纸上公告。债权人应当自接到通知书之日起三十日内，未接到通知书的自公告之日起四十五日内，向清算人申报债权。

> 债权人申报债权，应当说明债权的有关事项，并提供证明材料。清算人应当对债权进行登记。
> 清算期间，合伙企业存续，但不得开展与清算无关的经营活动。

第八十九条　清偿顺序

> 合伙企业财产在支付清算费用和职工工资、社会保险费用、法定补偿金以及缴纳所欠税款、清偿债务后的剩余财产，依照本法第三十三条第一款的规定进行分配。

▶ 理解与适用

（1）首先用于支付合伙企业的清算费用。

清算费用包括：一是管理合伙企业财产的费用，如仓储费、保管费、保险费等；二是处分合伙企业财产的费用，如聘任工作人员的费用等；三是清算过程中的其他费用，如通告债权人的费用、调查债权的费用、咨询费用、诉讼费用等。

（2）支付合伙企业的清算费用后的清偿顺序：职工工资、社会保险费用和法定补偿金；所欠税款。

这种清偿顺序是法定的，任何人不得违反，否则，清偿无效。这里所称的法定补偿金，是指依照法律、行政法规、规章等的规定应当补偿给职工的有关费用。

（3）依法清偿后仍有剩余时，对此剩余财产进行分配。

合伙企业的利润分配、亏损分担，按照合伙协议的约定办理；合伙协议未约定或者约定不明确的，由合伙人协商决定；协商不成的，由合伙人按照实缴出资比例分配、分担；无法确定出资比例的，由合伙人平均分配、分担。

第九十条　注销

清算结束，清算人应当编制清算报告，经全体合伙人签名、盖章后，在十五日内向企业登记机关报送清算报告，申请办理合伙企业注销登记。

第九十一条　注销后原普通合伙人的责任

合伙企业注销后，原普通合伙人对合伙企业存续期间的债务仍应承担无限连带责任。

第九十二条　破产

合伙企业不能清偿到期债务的，债权人可以依法向人民法院提出破产清算申请，也可以要求普通合伙人清偿。

合伙企业依法被宣告破产的，普通合伙人对合伙企业债务仍应承担无限连带责任。

第五章　法律责任

第九十三条　骗取企业登记的法律责任

违反本法规定，提交虚假文件或者采取其他欺骗手段，取得合伙企业登记的，由企业登记机关责令改正，处以五千元以上五万元以下的罚款；情节严重的，撤销企业登记，并处以五万元以上二十万元以下的罚款。

第九十四条　名称中未标明法定字样的法律责任

违反本法规定，合伙企业未在其名称中标明"普通合伙"、"特殊普通合伙"或者"有限合伙"字样的，由企业登记机关责令限期改正，处以二千元以上一万元以下的罚款。

第九十五条　未领取营业执照，擅自从事合伙业务及未依法办理变更登记的法律责任

违反本法规定，未领取营业执照，而以合伙企业或者合伙企业分支机构名义从事合伙业务的，由企业登记机关责令停止，处以五千元以上五万元以下的罚款。

合伙企业登记事项发生变更时，未依照本法规定办理变更登记的，由企业登记机关责令限期登记；逾期不登记的，处以二千元以上二万元以下的罚款。

合伙企业登记事项发生变更，执行合伙事务的合伙人未按期申请办理变更登记的，应当赔偿由此给合伙企业、其他合伙人或者善意第三人造成的损失。

第九十六条　侵占合伙企业财产的法律责任

合伙人执行合伙事务，或者合伙企业从业人员利用职务上的便利，将应当归合伙企业的利益据为己有的，或者采取其他手段侵占合伙企业财产的，应当将该利益和财产退还合伙企业；给合伙企业或者其他合伙人造成损失的，依法承担赔偿责任。

第九十七条　擅自处理合伙事务的法律责任

合伙人对本法规定或者合伙协议约定必须经全体合伙人一致同意始得执行的事务擅自处理，给合伙企业或者其他合伙人造成损失的，依法承担赔偿责任。

第九十八条　擅自执行合伙事务的法律责任

不具有事务执行权的合伙人擅自执行合伙事务，给合伙企业或者其他合伙人造成损失的，依法承担赔偿责任。

第九十九条　违反竞业禁止或与本合伙企业进行交易的规定的法律责任

合伙人违反本法规定或者合伙协议的约定，从事与本合伙企业相竞争的业务或者与本合伙企业进行交易的，该收益归合伙企业所有；给合伙企业或者其他合伙人造成损失的，依法承担赔偿责任。

第一百条　未依法报送清算报告的法律责任

清算人未依照本法规定向企业登记机关报送清算报告，或者报送清算报告隐瞒重要事实，或者有重大遗漏的，由企业登记机关责令改正。由此产生的费用和损失，由清算人承担和赔偿。

第一百零一条　清算人执行清算事务时牟取非法收入或侵占合伙企业财产的法律责任

清算人执行清算事务，牟取非法收入或者侵占合伙企业财产的，应当将该收入和侵占的财产退还合伙企业；给合伙企业或者其他合伙人造成损失的，依法承担赔偿责任。

第一百零二条　清算人违法隐匿、转移合伙企业财产，对资产负债表或者财产清单作虚伪记载，或者在未清偿债务前分配财产的法律责任

清算人违反本法规定，隐匿、转移合伙企业财产，对资产负债表或者财产清单作虚假记载，或者在未清偿债务前分配财产，损害债权人利益的，依法承担赔偿责任。

第一百零三条　合伙人违反合伙协议的法律责任及争议解决方式

合伙人违反合伙协议的，应当依法承担违约责任。

合伙人履行合伙协议发生争议的，合伙人可以通过协商或者调解解决。不愿通过协商、调解解决或者协商、调解不成，可以按照合伙协议约定的仲裁条款或者事后达成的书面仲裁协议，向仲裁机构申请仲裁。合伙协议中未订立仲裁条款，事后又没有达成书面仲裁协议的，可以向人民法院起诉。

第一百零四条　行政管理机关工作人员滥用职权、徇私舞弊、收受贿赂、侵害合伙企业合法权益的法律责任

有关行政管理机关的工作人员违反本法规定，滥用职权、徇私舞弊、收受贿赂、侵害合伙企业合法权益的，依法给予行政处分。

第一百零五条　刑事责任

违反本法规定，构成犯罪的，依法追究刑事责任。

第一百零六条　民事赔偿责任和罚款、罚金的承担顺序

违反本法规定，应当承担民事赔偿责任和缴纳罚款、罚金，其财产不足以同时支付的，先承担民事赔偿责任。

第六章　附　　则

第一百零七条　**非企业专业服务机构采取合伙制的法律适用**

非企业专业服务机构依据有关法律采取合伙制的,其合伙人承担责任的形式可以适用本法关于特殊的普通合伙企业合伙人承担责任的规定。

第一百零八条　**外国企业或个人在中国境内设立合伙企业的管理办法的制定**

外国企业或者个人在中国境内设立合伙企业的管理办法由国务院规定。

第一百零九条　**实施日期**

本法自2007年6月1日起施行。

实用核心法规

中华人民共和国民法典（节录）

（2020年5月28日第十三届全国人民代表大会第三次会议通过 2020年5月28日中华人民共和国主席令第45号公布 自2021年1月1日起施行）

……

第三章 法　　人

第一节　一般规定

第五十七条 法人是具有民事权利能力和民事行为能力，依法独立享有民事权利和承担民事义务的组织。

第五十八条 法人应当依法成立。

法人应当有自己的名称、组织机构、住所、财产或者经费。法人成立的具体条件和程序，依照法律、行政法规的规定。

设立法人，法律、行政法规规定须经有关机关批准的，依照其规定。

第五十九条 法人的民事权利能力和民事行为能力，从法人成立时产生，到法人终止时消灭。

第六十条 法人以其全部财产独立承担民事责任。

第六十一条 依照法律或者法人章程的规定，代表法人从事民事活动的负责人，为法人的法定代表人。

法定代表人以法人名义从事的民事活动，其法律后果由法人承受。

法人章程或者法人权力机构对法定代表人代表权的限制，不得对抗善意相对人。

第六十二条 法定代表人因执行职务造成他人损害的，由法人承担民事责任。

法人承担民事责任后，依照法律或者法人章程的规定，可以向有过错的法定代表人追偿。

第六十三条　法人以其主要办事机构所在地为住所。依法需要办理法人登记的，应当将主要办事机构所在地登记为住所。

第六十四条　法人存续期间登记事项发生变化的，应当依法向登记机关申请变更登记。

第六十五条　法人的实际情况与登记的事项不一致的，不得对抗善意相对人。

第六十六条　登记机关应当依法及时公示法人登记的有关信息。

第六十七条　法人合并的，其权利和义务由合并后的法人享有和承担。

法人分立的，其权利和义务由分立后的法人享有连带债权，承担连带债务，但是债权人和债务人另有约定的除外。

第六十八条　有下列原因之一并依法完成清算、注销登记的，法人终止：

（一）法人解散；

（二）法人被宣告破产；

（三）法律规定的其他原因。

法人终止，法律、行政法规规定须经有关机关批准的，依照其规定。

第六十九条　有下列情形之一的，法人解散：

（一）法人章程规定的存续期间届满或者法人章程规定的其他解散事由出现；

（二）法人的权力机构决议解散；

（三）因法人合并或者分立需要解散；

（四）法人依法被吊销营业执照、登记证书，被责令关闭或者被撤销；

（五）法律规定的其他情形。

第七十条　法人解散的，除合并或者分立的情形外，清算义务人应当及时组成清算组进行清算。

法人的董事、理事等执行机构或者决策机构的成员为清算义务人。法律、行政法规另有规定的，依照其规定。

清算义务人未及时履行清算义务，造成损害的，应当承担民事责任；主管机关或者利害关系人可以申请人民法院指定有关人员组成清算组进行清算。

第七十一条　法人的清算程序和清算组职权，依照有关法律的规定；没有规定的，参照适用公司法律的有关规定。

第七十二条　清算期间法人存续，但是不得从事与清算无关的活动。

法人清算后的剩余财产，按照法人章程的规定或者法人权力机构的决议处理。法律另有规定的，依照其规定。

清算结束并完成法人注销登记时，法人终止；依法不需要办理法人登记的，清算结束时，法人终止。

第七十三条　法人被宣告破产的，依法进行破产清算并完成法人注销登记时，法人终止。

第七十四条　法人可以依法设立分支机构。法律、行政法规规定分支机构应当登记的，依照其规定。

分支机构以自己的名义从事民事活动，产生的民事责任由法人承担；也可以先以该分支机构管理的财产承担，不足以承担的，由法人承担。

第七十五条　设立人为设立法人从事的民事活动，其法律后果由法人承受；法人未成立的，其法律后果由设立人承受，设立人为二人以上的，享有连带债权，承担连带债务。

设立人为设立法人以自己的名义从事民事活动产生的民事责任，第三人有权选择请求法人或者设立人承担。

……

第四章　非法人组织

第一百零二条　非法人组织是不具有法人资格，但是能够依法以自己的名义从事民事活动的组织。

非法人组织包括个人独资企业、合伙企业、不具有法人资格的专业服务机构等。

第一百零三条　非法人组织应当依照法律的规定登记。

设立非法人组织，法律、行政法规规定须经有关机关批准的，依照其规定。

第一百零四条 非法人组织的财产不足以清偿债务的，其出资人或者设立人承担无限责任。法律另有规定的，依照其规定。

第一百零五条 非法人组织可以确定一人或者数人代表该组织从事民事活动。

第一百零六条 有下列情形之一的，非法人组织解散：

（一）章程规定的存续期间届满或者章程规定的其他解散事由出现；

（二）出资人或者设立人决定解散；

（三）法律规定的其他情形。

第一百零七条 非法人组织解散的，应当依法进行清算。

第一百零八条 非法人组织除适用本章规定外，参照适用本编第三章第一节的有关规定。

……

中华人民共和国市场主体登记管理条例

（2021年4月14日国务院第131次常务会议通过 2021年7月27日中华人民共和国国务院令第746号公布 自2022年3月1日起施行）

第一章 总 则

第一条 为了规范市场主体登记管理行为，推进法治化市场建设，维护良好市场秩序和市场主体合法权益，优化营商环境，制定本条例。

第二条 本条例所称市场主体，是指在中华人民共和国境内以营利为目的从事经营活动的下列自然人、法人及非法人组织：

（一）公司、非公司企业法人及其分支机构；

（二）个人独资企业、合伙企业及其分支机构；

（三）农民专业合作社（联合社）及其分支机构；

（四）个体工商户；
（五）外国公司分支机构；
（六）法律、行政法规规定的其他市场主体。

第三条 市场主体应当依照本条例办理登记。未经登记，不得以市场主体名义从事经营活动。法律、行政法规规定无需办理登记的除外。

市场主体登记包括设立登记、变更登记和注销登记。

第四条 市场主体登记管理应当遵循依法合规、规范统一、公开透明、便捷高效的原则。

第五条 国务院市场监督管理部门主管全国市场主体登记管理工作。

县级以上地方人民政府市场监督管理部门主管本辖区市场主体登记管理工作，加强统筹指导和监督管理。

第六条 国务院市场监督管理部门应当加强信息化建设，制定统一的市场主体登记数据和系统建设规范。

县级以上地方人民政府承担市场主体登记工作的部门（以下称登记机关）应当优化市场主体登记办理流程，提高市场主体登记效率，推行当场办结、一次办结、限时办结等制度，实现集中办理、就近办理、网上办理、异地可办，提升市场主体登记便利化程度。

第七条 国务院市场监督管理部门和国务院有关部门应当推动市场主体登记信息与其他政府信息的共享和运用，提升政府服务效能。

第二章 登记事项

第八条 市场主体的一般登记事项包括：
（一）名称；
（二）主体类型；
（三）经营范围；
（四）住所或者主要经营场所；
（五）注册资本或者出资额；
（六）法定代表人、执行事务合伙人或者负责人姓名。

除前款规定外，还应当根据市场主体类型登记下列事项：
（一）有限责任公司股东、股份有限公司发起人、非公司企业法人出资人的姓名或者名称；

（二）个人独资企业的投资人姓名及居所；
（三）合伙企业的合伙人名称或者姓名、住所、承担责任方式；
（四）个体工商户的经营者姓名、住所、经营场所；
（五）法律、行政法规规定的其他事项。

第九条 市场主体的下列事项应当向登记机关办理备案：
（一）章程或者合伙协议；
（二）经营期限或者合伙期限；
（三）有限责任公司股东或者股份有限公司发起人认缴的出资数额，合伙企业合伙人认缴或者实际缴付的出资数额、缴付期限和出资方式；
（四）公司董事、监事、高级管理人员；
（五）农民专业合作社（联合社）成员；
（六）参加经营的个体工商户家庭成员姓名；
（七）市场主体登记联络员、外商投资企业法律文件送达接受人；
（八）公司、合伙企业等市场主体受益所有人相关信息；
（九）法律、行政法规规定的其他事项。

第十条 市场主体只能登记一个名称，经登记的市场主体名称受法律保护。

市场主体名称由申请人依法自主申报。

第十一条 市场主体只能登记一个住所或者主要经营场所。

电子商务平台内的自然人经营者可以根据国家有关规定，将电子商务平台提供的网络经营场所作为经营场所。

省、自治区、直辖市人民政府可以根据有关法律、行政法规的规定和本地区实际情况，自行或者授权下级人民政府对住所或者主要经营场所作出更加便利市场主体从事经营活动的具体规定。

第十二条 有下列情形之一的，不得担任公司、非公司企业法人的法定代表人：
（一）无民事行为能力或者限制民事行为能力；
（二）因贪污、贿赂、侵占财产、挪用财产或者破坏社会主义市场经济秩序被判处刑罚，执行期满未逾 5 年，或者因犯罪被剥夺政治权利，执行期满未逾 5 年；
（三）担任破产清算的公司、非公司企业法人的法定代表人、董事或者厂长、经理，对破产负有个人责任的，自破产清算完结之日起未逾3年；

（四）担任因违法被吊销营业执照、责令关闭的公司、非公司企业法人的法定代表人，并负有个人责任的，自被吊销营业执照之日起未逾3年；

（五）个人所负数额较大的债务到期未清偿；

（六）法律、行政法规规定的其他情形。

第十三条　除法律、行政法规或者国务院决定另有规定外，市场主体的注册资本或者出资额实行认缴登记制，以人民币表示。

出资方式应当符合法律、行政法规的规定。公司股东、非公司企业法人出资人、农民专业合作社（联合社）成员不得以劳务、信用、自然人姓名、商誉、特许经营权或者设定担保的财产等作价出资。

第十四条　市场主体的经营范围包括一般经营项目和许可经营项目。经营范围中属于在登记前依法须经批准的许可经营项目，市场主体应当在申请登记时提交有关批准文件。

市场主体应当按照登记机关公布的经营项目分类标准办理经营范围登记。

第三章　登记规范

第十五条　市场主体实行实名登记。申请人应当配合登记机关核验身份信息。

第十六条　申请办理市场主体登记，应当提交下列材料：

（一）申请书；

（二）申请人资格文件、自然人身份证明；

（三）住所或者主要经营场所相关文件；

（四）公司、非公司企业法人、农民专业合作社（联合社）章程或者合伙企业合伙协议；

（五）法律、行政法规和国务院市场监督管理部门规定提交的其他材料。

国务院市场监督管理部门应当根据市场主体类型分别制定登记材料清单和文书格式样本，通过政府网站、登记机关服务窗口等向社会公开。

登记机关能够通过政务信息共享平台获取的市场主体登记相关信息，不得要求申请人重复提供。

第十七条　申请人应当对提交材料的真实性、合法性和有效性负责。

第十八条　申请人可以委托其他自然人或者中介机构代其办理市场主体登记。受委托的自然人或者中介机构代为办理登记事宜应当遵守有关规定，不得提供虚假信息和材料。

第十九条　登记机关应当对申请材料进行形式审查。对申请材料齐全、符合法定形式的予以确认并当场登记。不能当场登记的，应当在3个工作日内予以登记；情形复杂的，经登记机关负责人批准，可以再延长3个工作日。

申请材料不齐全或者不符合法定形式的，登记机关应当一次性告知申请人需要补正的材料。

第二十条　登记申请不符合法律、行政法规规定，或者可能危害国家安全、社会公共利益的，登记机关不予登记并说明理由。

第二十一条　申请人申请市场主体设立登记，登记机关依法予以登记的，签发营业执照。营业执照签发日期为市场主体的成立日期。

法律、行政法规或者国务院决定规定设立市场主体须经批准的，应当在批准文件有效期内向登记机关申请登记。

第二十二条　营业执照分为正本和副本，具有同等法律效力。

电子营业执照与纸质营业执照具有同等法律效力。

营业执照样式、电子营业执照标准由国务院市场监督管理部门统一制定。

第二十三条　市场主体设立分支机构，应当向分支机构所在地的登记机关申请登记。

第二十四条　市场主体变更登记事项，应当自作出变更决议、决定或者法定变更事项发生之日起30日内向登记机关申请变更登记。

市场主体变更登记事项属于依法须经批准的，申请人应当在批准文件有效期内向登记机关申请变更登记。

第二十五条　公司、非公司企业法人的法定代表人在任职期间发生本条例第十二条所列情形之一的，应当向登记机关申请变更登记。

第二十六条　市场主体变更经营范围，属于依法须经批准的项目的，应当自批准之日起30日内申请变更登记。许可证或者批准文件被吊销、撤销或者有效期届满的，应当自许可证或者批准文件被吊销、撤销或者有效期届满之日起30日内向登记机关申请变更登记或者办理注销登记。

第二十七条　市场主体变更住所或者主要经营场所跨登记机关辖区的，应当在迁入新的住所或者主要经营场所前，向迁入地登记机关申请变更登记。迁出地登记机关无正当理由不得拒绝移交市场主体档案等相关材料。

第二十八条　市场主体变更登记涉及营业执照记载事项的，登记机关应当及时为市场主体换发营业执照。

第二十九条　市场主体变更本条例第九条规定的备案事项的，应当自作出变更决议、决定或者法定变更事项发生之日起30日内向登记机关办理备案。农民专业合作社（联合社）成员发生变更的，应当自本会计年度终了之日起90日内向登记机关办理备案。

第三十条　因自然灾害、事故灾难、公共卫生事件、社会安全事件等原因造成经营困难的，市场主体可以自主决定在一定时期内歇业。法律、行政法规另有规定的除外。

市场主体应当在歇业前与职工依法协商劳动关系处理等有关事项。

市场主体应当在歇业前向登记机关办理备案。登记机关通过国家企业信用信息公示系统向社会公示歇业期限、法律文书送达地址等信息。

市场主体歇业的期限最长不得超过3年。市场主体在歇业期间开展经营活动的，视为恢复营业，市场主体应当通过国家企业信用信息公示系统向社会公示。

市场主体歇业期间，可以以法律文书送达地址代替住所或者主要经营场所。

第三十一条　市场主体因解散、被宣告破产或者其他法定事由需要终止的，应当依法向登记机关申请注销登记。经登记机关注销登记，市场主体终止。

市场主体注销依法须经批准的，应当经批准后向登记机关申请注销登记。

第三十二条　市场主体注销登记前依法应当清算的，清算组应当自成立之日起10日内将清算组成员、清算组负责人名单通过国家企业信用信息公示系统公告。清算组可以通过国家企业信用信息公示系统发布债权人公告。

清算组应当自清算结束之日起 30 日内向登记机关申请注销登记。市场主体申请注销登记前，应当依法办理分支机构注销登记。

第三十三条　市场主体未发生债权债务或者已将债权债务清偿完结，未发生或者已结清清偿费用、职工工资、社会保险费用、法定补偿金、应缴纳税款（滞纳金、罚款），并由全体投资人书面承诺对上述情况的真实性承担法律责任的，可以按照简易程序办理注销登记。

市场主体应当将承诺书及注销登记申请通过国家企业信用信息公示系统公示，公示期为 20 日。在公示期内无相关部门、债权人及其他利害关系人提出异议的，市场主体可以于公示期届满之日起 20 日内向登记机关申请注销登记。

个体工商户按照简易程序办理注销登记的，无需公示，由登记机关将个体工商户的注销登记申请推送至税务等有关部门，有关部门在 10 日内没有提出异议的，可以直接办理注销登记。

市场主体注销依法须经批准的，或者市场主体被吊销营业执照、责令关闭、撤销，或者被列入经营异常名录的，不适用简易注销程序。

第三十四条　人民法院裁定强制清算或者裁定宣告破产的，有关清算组、破产管理人可以持人民法院终结强制清算程序的裁定或者终结破产程序的裁定，直接向登记机关申请办理注销登记。

第四章　监督管理

第三十五条　市场主体应当按照国家有关规定公示年度报告和登记相关信息。

第三十六条　市场主体应当将营业执照置于住所或者主要经营场所的醒目位置。从事电子商务经营的市场主体应当在其首页显著位置持续公示营业执照信息或者相关链接标识。

第三十七条　任何单位和个人不得伪造、涂改、出租、出借、转让营业执照。

营业执照遗失或者毁坏的，市场主体应当通过国家企业信用信息公示系统声明作废，申请补领。

登记机关依法作出变更登记、注销登记和撤销登记决定的，市场主体应当缴回营业执照。拒不缴回或者无法缴回营业执照的，由登记机关通过国家企业信用信息公示系统公告营业执照作废。

第三十八条 登记机关应当根据市场主体的信用风险状况实施分级分类监管。

登记机关应当采取随机抽取检查对象、随机选派执法检查人员的方式，对市场主体登记事项进行监督检查，并及时向社会公开监督检查结果。

第三十九条 登记机关对市场主体涉嫌违反本条例规定的行为进行查处，可以行使下列职权：

（一）进入市场主体的经营场所实施现场检查；

（二）查阅、复制、收集与市场主体经营活动有关的合同、票据、账簿以及其他资料；

（三）向与市场主体经营活动有关的单位和个人调查了解情况；

（四）依法责令市场主体停止相关经营活动；

（五）依法查询涉嫌违法的市场主体的银行账户；

（六）法律、行政法规规定的其他职权。

登记机关行使前款第四项、第五项规定的职权的，应当经登记机关主要负责人批准。

第四十条 提交虚假材料或者采取其他欺诈手段隐瞒重要事实取得市场主体登记的，受虚假市场主体登记影响的自然人、法人和其他组织可以向登记机关提出撤销市场主体登记的申请。

登记机关受理申请后，应当及时开展调查。经调查认定存在虚假市场主体登记情形的，登记机关应当撤销市场主体登记。相关市场主体和人员无法联系或者拒不配合的，登记机关可以将相关市场主体的登记时间、登记事项等通过国家企业信用信息公示系统向社会公示，公示期为45日。相关市场主体及其利害关系人在公示期内没有提出异议的，登记机关可以撤销市场主体登记。

因虚假市场主体登记被撤销的市场主体，其直接责任人自市场主体登记被撤销之日起3年内不得再次申请市场主体登记。登记机关应当通过国家企业信用信息公示系统予以公示。

第四十一条 有下列情形之一的，登记机关可以不予撤销市场主体登记：

（一）撤销市场主体登记可能对社会公共利益造成重大损害；
（二）撤销市场主体登记后无法恢复到登记前的状态；
（三）法律、行政法规规定的其他情形。

第四十二条 登记机关或者其上级机关认定撤销市场主体登记决定错误的，可以撤销该决定，恢复原登记状态，并通过国家企业信用信息公示系统公示。

第五章　法　律　责　任

第四十三条 未经设立登记从事经营活动的，由登记机关责令改正，没收违法所得；拒不改正的，处1万元以上10万元以下的罚款；情节严重的，依法责令关闭停业，并处10万元以上50万元以下的罚款。

第四十四条 提交虚假材料或者采取其他欺诈手段隐瞒重要事实取得市场主体登记的，由登记机关责令改正，没收违法所得，并处5万元以上20万元以下的罚款；情节严重的，处20万元以上100万元以下的罚款，吊销营业执照。

第四十五条 实行注册资本实缴登记制的市场主体虚报注册资本取得市场主体登记的，由登记机关责令改正，处虚报注册资本金额5%以上15%以下的罚款；情节严重的，吊销营业执照。

实行注册资本实缴登记制的市场主体的发起人、股东虚假出资，未交付或者未按期交付作为出资的货币或者非货币财产的，或者在市场主体成立后抽逃出资的，由登记机关责令改正，处虚假出资金额5%以上15%以下的罚款。

第四十六条 市场主体未依照本条例办理变更登记的，由登记机关责令改正；拒不改正的，处1万元以上10万元以下的罚款；情节严重的，吊销营业执照。

第四十七条 市场主体未依照本条例办理备案的，由登记机关责令改正；拒不改正的，处5万元以下的罚款。

第四十八条 市场主体未依照本条例将营业执照置于住所或者主要经营场所醒目位置的，由登记机关责令改正；拒不改正的，处3万元以下的罚款。

从事电子商务经营的市场主体未在其首页显著位置持续公示营业执照信息或者相关链接标识的，由登记机关依照《中华人民共和国电子商务法》处罚。

市场主体伪造、涂改、出租、出借、转让营业执照的，由登记机关没收违法所得，处 10 万元以下的罚款；情节严重的，处 10 万元以上 50 万元以下的罚款，吊销营业执照。

第四十九条 违反本条例规定的，登记机关确定罚款金额时，应当综合考虑市场主体的类型、规模、违法情节等因素。

第五十条 登记机关及其工作人员违反本条例规定未履行职责或者履行职责不当的，对直接负责的主管人员和其他直接责任人员依法给予处分。

第五十一条 违反本条例规定，构成犯罪的，依法追究刑事责任。

第五十二条 法律、行政法规对市场主体登记管理违法行为处罚另有规定的，从其规定。

第六章 附 则

第五十三条 国务院市场监督管理部门可以依照本条例制定市场主体登记和监督管理的具体办法。

第五十四条 无固定经营场所摊贩的管理办法，由省、自治区、直辖市人民政府根据当地实际情况另行规定。

第五十五条 本条例自 2022 年 3 月 1 日起施行。《中华人民共和国公司登记管理条例》、《中华人民共和国企业法人登记管理条例》、《中华人民共和国合伙企业登记管理办法》、《农民专业合作社登记管理条例》、《企业法人法定代表人登记管理规定》同时废止。

中华人民共和国市场主体登记管理条例实施细则（节录）

（2022年3月1日国家市场监督管理总局令第52号公布 自公布之日起施行）

第一章 总　　则

第一条 根据《中华人民共和国市场主体登记管理条例》（以下简称《条例》）等有关法律法规，制定本实施细则。

第二条 市场主体登记管理应当遵循依法合规、规范统一、公开透明、便捷高效的原则。

第三条 国家市场监督管理总局主管全国市场主体统一登记管理工作，制定市场主体登记管理的制度措施，推进登记全程电子化，规范登记行为，指导地方登记机关依法有序开展登记管理工作。

县级以上地方市场监督管理部门主管本辖区市场主体登记管理工作，加强对辖区内市场主体登记管理工作的统筹指导和监督管理，提升登记管理水平。

县级市场监督管理部门的派出机构可以依法承担个体工商户等市场主体的登记管理职责。

各级登记机关依法履行登记管理职责，执行全国统一的登记管理政策文件和规范要求，使用统一的登记材料、文书格式，以及省级统一的市场主体登记管理系统，优化登记办理流程，推行网上办理等便捷方式，健全数据安全管理制度，提供规范化、标准化登记管理服务。

第四条 省级以上人民政府或者其授权的国有资产监督管理机构履行出资人职责的公司，以及该公司投资设立并持有50％以上股权或者股份的公司的登记管理由省级登记机关负责；股份有限公司的登记管理由地市级以上地方登记机关负责。

除前款规定的情形外，省级市场监督管理部门依法对本辖区登记管辖作出统一规定；上级登记机关在特定情形下，可以依法将部分市场主体登记管理工作交由下级登记机关承担，或者承担下级登记机关的部分登记管理工作。

外商投资企业登记管理由国家市场监督管理总局或者其授权的地方市场监督管理部门负责。

第五条 国家市场监督管理总局应当加强信息化建设，统一登记管理业务规范、数据标准和平台服务接口，归集全国市场主体登记管理信息。

省级市场监督管理部门主管本辖区登记管理信息化建设，建立统一的市场主体登记管理系统，归集市场主体登记管理信息，规范市场主体登记注册流程，提升政务服务水平，强化部门间信息共享和业务协同，提升市场主体登记管理便利化程度。

第二章　登记事项

第六条 市场主体应当按照类型依法登记下列事项：

（一）公司：名称、类型、经营范围、住所、注册资本、法定代表人姓名、有限责任公司股东或者股份有限公司发起人姓名或者名称。

（二）非公司企业法人：名称、类型、经营范围、住所、出资额、法定代表人姓名、出资人（主管部门）名称。

（三）个人独资企业：名称、类型、经营范围、住所、出资额、投资人姓名及居所。

（四）合伙企业：名称、类型、经营范围、主要经营场所、出资额、执行事务合伙人名称或者姓名，合伙人名称或者姓名、住所、承担责任方式。执行事务合伙人是法人或者其他组织的，登记事项还应当包括其委派的代表姓名。

（五）农民专业合作社（联合社）：名称、类型、经营范围、住所、出资额、法定代表人姓名。

（六）分支机构：名称、类型、经营范围、经营场所、负责人姓名。

（七）个体工商户：组成形式、经营范围、经营场所，经营者姓名、住所。个体工商户使用名称的，登记事项还应当包括名称。

（八）法律、行政法规规定的其他事项。

第七条 市场主体应当按照类型依法备案下列事项：

（一）公司：章程、经营期限、有限责任公司股东或者股份有限公司发起人认缴的出资数额、董事、监事、高级管理人员、登记联络员、外商投资公司法律文件送达接受人。

（二）非公司企业法人：章程、经营期限、登记联络员。

（三）个人独资企业：登记联络员。

（四）合伙企业：合伙协议、合伙期限、合伙人认缴或者实际缴付的出资数额、缴付期限和出资方式、登记联络员、外商投资合伙企业法律文件送达接受人。

（五）农民专业合作社（联合社）：章程、成员、登记联络员。

（六）分支机构：登记联络员。

（七）个体工商户：家庭参加经营的家庭成员姓名、登记联络员。

（八）公司、合伙企业等市场主体受益所有人相关信息。

（九）法律、行政法规规定的其他事项。

上述备案事项由登记机关在设立登记时一并进行信息采集。

受益所有人信息管理制度由中国人民银行会同国家市场监督管理总局另行制定。

第八条 市场主体名称由申请人依法自主申报。

第九条 申请人应当依法申请登记下列市场主体类型：

（一）有限责任公司、股份有限公司；

（二）全民所有制企业、集体所有制企业、联营企业；

（三）个人独资企业；

（四）普通合伙（含特殊普通合伙）企业、有限合伙企业；

（五）农民专业合作社、农民专业合作社联合社；

（六）个人经营的个体工商户、家庭经营的个体工商户。

分支机构应当按所属市场主体类型注明分公司或者相应的分支机构。

第十条 申请人应当根据市场主体类型依法向其住所（主要经营场所、经营场所）所在地具有登记管辖权的登记机关办理登记。

第十一条 申请人申请登记市场主体法定代表人、执行事务合伙人（含委派代表），应当符合章程或者协议约定。

合伙协议未约定或者全体合伙人未决定委托执行事务合伙人的，除有限合伙人外，申请人应当将其他合伙人均登记为执行事务合伙人。

第十二条　申请人应当按照国家市场监督管理总局发布的经营范围规范目录，根据市场主体主要行业或者经营特征自主选择一般经营项目和许可经营项目，申请办理经营范围登记。

第十三条　申请人申请登记的市场主体注册资本（出资额）应当符合章程或者协议约定。

市场主体注册资本（出资额）以人民币表示。外商投资企业的注册资本（出资额）可以用可自由兑换的货币表示。

依法以境内公司股权或者债权出资的，应当权属清楚、权能完整，依法可以评估、转让，符合公司章程规定。

第三章　登记规范

第十四条　申请人可以自行或者指定代表人、委托代理人办理市场主体登记、备案事项。

第十五条　申请人应当在申请材料上签名或者盖章。

申请人可以通过全国统一电子营业执照系统等电子签名工具和途径进行电子签名或者电子签章。符合法律规定的可靠电子签名、电子签章与手写签名或者盖章具有同等法律效力。

第十六条　在办理登记、备案事项时，申请人应当配合登记机关通过实名认证系统，采用人脸识别等方式对下列人员进行实名验证：

（一）法定代表人、执行事务合伙人（含委派代表）、负责人；

（二）有限责任公司股东、股份有限公司发起人、公司董事、监事及高级管理人员；

（三）个人独资企业投资人、合伙企业合伙人、农民专业合作社（联合社）成员、个体工商户经营者；

（四）市场主体登记联络员、外商投资企业法律文件送达接受人；

（五）指定的代表人或者委托代理人。

因特殊原因，当事人无法通过实名认证系统核验身份信息的，可以提交经依法公证的自然人身份证明文件，或者由本人持身份证件到现场办理。

第十七条 办理市场主体登记、备案事项，申请人可以到登记机关现场提交申请，也可以通过市场主体登记注册系统提出申请。

申请人对申请材料的真实性、合法性、有效性负责。

办理市场主体登记、备案事项，应当遵守法律法规，诚实守信，不得利用市场主体登记，牟取非法利益，扰乱市场秩序，危害国家安全、社会公共利益。

第十八条 申请材料齐全、符合法定形式的，登记机关予以确认，并当场登记，出具登记通知书，及时制发营业执照。

不予当场登记的，登记机关应当向申请人出具接收申请材料凭证，并在3个工作日内对申请材料进行审查；情形复杂的，经登记机关负责人批准，可以延长3个工作日，并书面告知申请人。

申请材料不齐全或者不符合法定形式的，登记机关应当将申请材料退还申请人，并一次性告知申请人需要补正的材料。申请人补正后，应当重新提交申请材料。

不属于市场主体登记范畴或者不属于本登记机关登记管辖范围的事项，登记机关应当告知申请人向有关行政机关申请。

第十九条 市场主体登记申请不符合法律、行政法规或者国务院决定规定，或者可能危害国家安全、社会公共利益的，登记机关不予登记，并出具不予登记通知书。

利害关系人就市场主体申请材料的真实性、合法性、有效性或者其他有关实体权利提起诉讼或者仲裁，对登记机关依法登记造成影响的，申请人应当在诉讼或者仲裁终结后，向登记机关申请办理登记。

第二十条 市场主体法定代表人依法受到任职资格限制的，在申请办理其他变更登记时，应当依法及时申请办理法定代表人变更登记。

市场主体因通过登记的住所（主要经营场所、经营场所）无法取得联系被列入经营异常名录的，在申请办理其他变更登记时，应当依法及时申请办理住所（主要经营场所、经营场所）变更登记。

第二十一条 公司或者农民专业合作社（联合社）合并、分立的，可以通过国家企业信用信息公示系统公告，公告期45日，应当于公告期届满后申请办理登记。

非公司企业法人合并、分立的，应当经出资人（主管部门）批准，自批准之日起30日内申请办理登记。

市场主体设立分支机构的,应当自决定作出之日起30日内向分支机构所在地登记机关申请办理登记。

第二十二条 法律、行政法规或者国务院决定规定市场主体申请登记、备案事项前需要审批的,在办理登记、备案时,应当在有效期内提交有关批准文件或者许可证书。有关批准文件或者许可证书未规定有效期限,自批准之日起超过90日的,申请人应当报审批机关确认其效力或者另行报批。

市场主体设立后,前款规定批准文件或者许可证书内容有变化、被吊销、撤销或者有效期届满的,应当自批准文件、许可证书重新批准之日或者被吊销、撤销、有效期届满之日起30日内申请办理变更登记或者注销登记。

第二十三条 市场主体营业执照应当载明名称、法定代表人(执行事务合伙人、个人独资企业投资人、经营者或者负责人)姓名、类型(组成形式)、注册资本(出资额)、住所(主要经营场所、经营场所)、经营范围、登记机关、成立日期、统一社会信用代码。

电子营业执照与纸质营业执照具有同等法律效力,市场主体可以凭电子营业执照开展经营活动。

市场主体在办理涉及营业执照记载事项变更登记或者申请注销登记时,需要在提交申请时一并缴回纸质营业执照正、副本。对于市场主体营业执照拒不缴回或者无法缴回的,登记机关在完成变更登记或者注销登记后,通过国家企业信用信息公示系统公告营业执照作废。

第二十四条 外国投资者在中国境内设立外商投资企业,其主体资格文件或者自然人身份证明应当经所在国家公证机关公证并经中国驻该国使(领)馆认证。中国与有关国家缔结或者共同参加的国际条约对认证另有规定的除外。

香港特别行政区、澳门特别行政区和台湾地区投资者的主体资格文件或者自然人身份证明应当按照专项规定或者协议,依法提供当地公证机构的公证文件。按照国家有关规定,无需提供公证文件的除外。

第四章　设立登记

第二十五条 申请办理设立登记,应当提交下列材料:

（一）申请书；
（二）申请人主体资格文件或者自然人身份证明；
（三）住所（主要经营场所、经营场所）相关文件；
（四）公司、非公司企业法人、农民专业合作社（联合社）章程或者合伙企业合伙协议。

第二十六条 申请办理公司设立登记，还应当提交法定代表人、董事、监事和高级管理人员的任职文件和自然人身份证明。

除前款规定的材料外，募集设立股份有限公司还应当提交依法设立的验资机构出具的验资证明；公开发行股票的，还应当提交国务院证券监督管理机构的核准或者注册文件。涉及发起人首次出资属于非货币财产的，还应当提交已办理财产权转移手续的证明文件。

第二十七条 申请设立非公司企业法人，还应当提交法定代表人的任职文件和自然人身份证明。

第二十八条 申请设立合伙企业，还应当提交下列材料：
（一）法律、行政法规规定设立特殊的普通合伙企业需要提交合伙人的职业资格文件的，提交相应材料；
（二）全体合伙人决定委托执行事务合伙人的，应当提交全体合伙人的委托书和执行事务合伙人的主体资格文件或者自然人身份证明。执行事务合伙人是法人或者其他组织的，还应当提交其委派代表的委托书和自然人身份证明。

第二十九条 申请设立农民专业合作社（联合社），还应当提交下列材料：
（一）全体设立人签名或者盖章的设立大会纪要；
（二）法定代表人、理事的任职文件和自然人身份证明；
（三）成员名册和出资清单，以及成员主体资格文件或者自然人身份证明。

第三十条 申请办理分支机构设立登记，还应当提交负责人的任职文件和自然人身份证明。

第五章　变更登记

第三十一条 市场主体变更登记事项，应当自作出变更决议、决定或者法定变更事项发生之日起30日内申请办理变更登记。

市场主体登记事项变更涉及分支机构登记事项变更的，应当自市场主体登记事项变更登记之日起30日内申请办理分支机构变更登记。

第三十二条　申请办理变更登记，应当提交申请书，并根据市场主体类型及具体变更事项分别提交下列材料：

（一）公司变更事项涉及章程修改的，应当提交修改后的章程或者章程修正案；需要对修改章程作出决议决定的，还应当提交相关决议决定；

（二）合伙企业应当提交全体合伙人或者合伙协议约定的人员签署的变更决定书；变更事项涉及修改合伙协议的，应当提交由全体合伙人签署或者合伙协议约定的人员签署修改或者补充的合伙协议；

（三）农民专业合作社（联合社）应当提交成员大会或者成员代表大会作出的变更决议；变更事项涉及章程修改的应当提交修改后的章程或者章程修正案。

第三十三条　市场主体更换法定代表人、执行事务合伙人（含委派代表）、负责人的变更登记申请由新任法定代表人、执行事务合伙人（含委派代表）、负责人签署。

第三十四条　市场主体变更名称，可以自主申报名称并在保留期届满前申请变更登记，也可以直接申请变更登记。

第三十五条　市场主体变更住所（主要经营场所、经营场所），应当在迁入新住所（主要经营场所、经营场所）前向迁入地登记机关申请变更登记，并提交新的住所（主要经营场所、经营场所）使用相关文件。

第三十六条　市场主体变更注册资本或者出资额的，应当办理变更登记。

公司增加注册资本，有限责任公司股东认缴新增资本的出资和股份有限公司的股东认购新股的，应当按照设立时缴纳出资和缴纳股款的规定执行。股份有限公司以公开发行新股方式或者上市公司以非公开发行新股方式增加注册资本，还应当提交国务院证券监督管理机构的核准或者注册文件。

公司减少注册资本，可以通过国家企业信用信息公示系统公告，公告期45日，应当于公告期届满后申请变更登记。法律、行政法规或者国务院决定对公司注册资本有最低限额规定的，减少后的注册资本应当不少于最低限额。

外商投资企业注册资本（出资额）币种发生变更，应当向登记机关申请变更登记。

第三十七条　公司变更类型，应当按照拟变更公司类型的设立条件，在规定的期限内申请变更登记，并提交有关材料。

非公司企业法人申请改制为公司，应当按照拟变更的公司类型设立条件，在规定期限内申请变更登记，并提交有关材料。

个体工商户申请转变为企业组织形式，应当按照拟变更的企业类型设立条件申请登记。

第三十八条　个体工商户变更经营者，应当在办理注销登记后，由新的经营者重新申请办理登记。双方经营者同时申请办理的，登记机关可以合并办理。

第三十九条　市场主体变更备案事项的，应当按照《条例》第二十九条规定办理备案。

农民专业合作社因成员发生变更，农民成员低于法定比例的，应当自事由发生之日起6个月内采取吸收新的农民成员入社等方式使农民成员达到法定比例。农民专业合作社联合社成员退社，成员数低于联合社设立法定条件的，应当自事由发生之日起6个月内采取吸收新的成员入社等方式使农民专业合作社联合社成员达到法定条件。

第六章　歇　　业

第四十条　因自然灾害、事故灾难、公共卫生事件、社会安全事件等原因造成经营困难的，市场主体可以自主决定在一定时期内歇业。法律、行政法规另有规定的除外。

第四十一条　市场主体决定歇业，应当在歇业前向登记机关办理备案。登记机关通过国家企业信用信息公示系统向社会公示歇业期限、法律文书送达地址等信息。

以法律文书送达地址代替住所（主要经营场所、经营场所）的，应当提交法律文书送达地址确认书。

市场主体延长歇业期限，应当于期限届满前30日内按规定办理。

第四十二条 市场主体办理歇业备案后，自主决定开展或者已实际开展经营活动的，应当于30日内在国家企业信用信息公示系统上公示终止歇业。

市场主体恢复营业时，登记、备案事项发生变化的，应当及时办理变更登记或者备案。以法律文书送达地址代替住所（主要经营场所、经营场所）的，应当及时办理住所（主要经营场所、经营场所）变更登记。

市场主体备案的歇业期限届满，或者累计歇业满3年，视为自动恢复经营，决定不再经营的，应当及时办理注销登记。

第四十三条 歇业期间，市场主体以法律文书送达地址代替原登记的住所（主要经营场所、经营场所）的，不改变歇业市场主体的登记管辖。

第七章 注销登记

第四十四条 市场主体因解散、被宣告破产或者其他法定事由需要终止的，应当依法向登记机关申请注销登记。依法需要清算的，应当自清算结束之日起30日内申请注销登记。依法不需要清算的，应当自决定作出之日起30日内申请注销登记。市场主体申请注销后，不得从事与注销无关的生产经营活动。自登记机关予以注销登记之日起，市场主体终止。

第四十五条 市场主体注销登记前依法应当清算的，清算组应当自成立之日起10日内将清算组成员、清算组负责人名单通过国家企业信用信息公示系统公告。清算组可以通过国家企业信用信息公示系统发布债权人公告。

第四十六条 申请办理注销登记，应当提交下列材料：

（一）申请书；

（二）依法作出解散、注销的决议或者决定，或者被行政机关吊销营业执照、责令关闭、撤销的文件；

（三）清算报告、负责清理债权债务的文件或者清理债务完结的证明；

（四）税务部门出具的清税证明。

除前款规定外，人民法院指定清算人、破产管理人进行清算的，应当提交人民法院指定证明；合伙企业分支机构申请注销登记，还应当提交全体合伙人签署的注销分支机构决定书。

个体工商户申请注销登记的，无需提交第二项、第三项材料；因合并、分立而申请市场主体注销登记的，无需提交第三项材料。

第四十七条 申请办理简易注销登记，应当提交申请书和全体投资人承诺书。

第四十八条 有下列情形之一的，市场主体不得申请办理简易注销登记：

（一）在经营异常名录或者市场监督管理严重违法失信名单中的；

（二）存在股权（财产份额）被冻结、出质或者动产抵押，或者对其他市场主体存在投资的；

（三）正在被立案调查或者采取行政强制措施，正在诉讼或者仲裁程序中的；

（四）被吊销营业执照、责令关闭、撤销的；

（五）受到罚款等行政处罚尚未执行完毕的；

（六）不符合《条例》第三十三条规定的其他情形。

第四十九条 申请办理简易注销登记，市场主体应当将承诺书及注销登记申请通过国家企业信用信息公示系统公示，公示期为20日。

在公示期内无相关部门、债权人及其他利害关系人提出异议的，市场主体可以于公示期届满之日起20日内向登记机关申请注销登记。

第八章 撤销登记

第五十条 对涉嫌提交虚假材料或者采取其他欺诈手段隐瞒重要事实取得市场主体登记的行为，登记机关可以根据当事人申请或者依职权主动进行调查。

第五十一条 受虚假登记影响的自然人、法人和其他组织，可以向登记机关提出撤销市场主体登记申请。涉嫌冒用自然人身份的虚假登记，被冒用人应当配合登记机关通过线上或者线下途径核验身份信息。

涉嫌虚假登记市场主体的登记机关发生变更的，由现登记机关负责处理撤销登记，原登记机关应当协助进行调查。

第五十二条　登记机关收到申请后，应当在3个工作日内作出是否受理的决定，并书面通知申请人。

有下列情形之一的，登记机关可以不予受理：

（一）涉嫌冒用自然人身份的虚假登记，被冒用人未能通过身份信息核验的；

（二）涉嫌虚假登记的市场主体已注销的，申请撤销注销登记的除外；

（三）其他依法不予受理的情形。

第五十三条　登记机关受理申请后，应当于3个月内完成调查，并及时作出撤销或者不予撤销市场主体登记的决定。情形复杂的，经登记机关负责人批准，可以延长3个月。

在调查期间，相关市场主体和人员无法联系或者拒不配合的，登记机关可以将涉嫌虚假登记市场主体的登记时间、登记事项，以及登记机关联系方式等信息通过国家企业信用信息公示系统向社会公示，公示期45日。相关市场主体及其利害关系人在公示期内没有提出异议的，登记机关可以撤销市场主体登记。

第五十四条　有下列情形之一的，经当事人或者其他利害关系人申请，登记机关可以中止调查：

（一）有证据证明与涉嫌虚假登记相关的民事权利存在争议的；

（二）涉嫌虚假登记的市场主体正在诉讼或者仲裁程序中的；

（三）登记机关收到有关部门出具的书面意见，证明涉嫌虚假登记的市场主体或者其法定代表人、负责人存在违法案件尚未结案，或者尚未履行相关法定义务的。

第五十五条　有下列情形之一的，登记机关可以不予撤销市场主体登记：

（一）撤销市场主体登记可能对社会公共利益造成重大损害；

（二）撤销市场主体登记后无法恢复到登记前的状态；

（三）法律、行政法规规定的其他情形。

第五十六条　登记机关作出撤销登记决定后，应当通过国家企业信用信息公示系统向社会公示。

第五十七条　同一登记包含多个登记事项，其中部分登记事项被认定为虚假，撤销虚假的登记事项不影响市场主体存续的，登记机关可以仅撤销虚假的登记事项。

第五十八条 撤销市场主体备案事项的，参照本章规定执行。

......

企业名称登记管理规定

（1991年5月6日国务院批准　1991年7月22日国家工商行政管理局令第7号发布　根据2012年11月9日《国务院关于修改和废止部分行政法规的决定》修订　2020年12月14日国务院第118次常务会议修订通过　2020年12月28日中华人民共和国国务院令第734号公布　自2021年3月1日起施行）

第一条 为了规范企业名称登记管理，保护企业的合法权益，维护社会经济秩序，优化营商环境，制定本规定。

第二条 县级以上人民政府市场监督管理部门（以下统称企业登记机关）负责中国境内设立企业的企业名称登记管理。

国务院市场监督管理部门主管全国企业名称登记管理工作，负责制定企业名称登记管理的具体规范。

省、自治区、直辖市人民政府市场监督管理部门负责建立本行政区域统一的企业名称申报系统和企业名称数据库，并向社会开放。

第三条 企业登记机关应当不断提升企业名称登记管理规范化、便利化水平，为企业和群众提供高效、便捷的服务。

第四条 企业只能登记一个企业名称，企业名称受法律保护。

第五条 企业名称应当使用规范汉字。民族自治地方的企业名称可以同时使用本民族自治地方通用的民族文字。

第六条 企业名称由行政区划名称、字号、行业或者经营特点、组织形式组成。跨省、自治区、直辖市经营的企业，其名称可以不含行政区划名称；跨行业综合经营的企业，其名称可以不含行业或者经营特点。

第七条 企业名称中的行政区划名称应当是企业所在地的县级以上地方行政区划名称。市辖区名称在企业名称中使用时应当同时冠以其所属的设区的市的行政区划名称。开发区、垦区等区域名称在企业名称中使用时应当与行政区划名称连用，不得单独使用。

第八条 企业名称中的字号应当由两个以上汉字组成。

县级以上地方行政区划名称、行业或者经营特点不得作为字号，另有含义的除外。

第九条 企业名称中的行业或者经营特点应当根据企业的主营业务和国民经济行业分类标准标明。国民经济行业分类标准中没有规定的，可以参照行业习惯或者专业文献等表述。

第十条 企业应当根据其组织结构或者责任形式，依法在企业名称中标明组织形式。

第十一条 企业名称不得有下列情形：

（一）损害国家尊严或者利益；

（二）损害社会公共利益或者妨碍社会公共秩序；

（三）使用或者变相使用政党、党政军机关、群团组织名称及其简称、特定称谓和部队番号；

（四）使用外国国家（地区）、国际组织名称及其通用简称、特定称谓；

（五）含有淫秽、色情、赌博、迷信、恐怖、暴力的内容；

（六）含有民族、种族、宗教、性别歧视的内容；

（七）违背公序良俗或者可能有其他不良影响；

（八）可能使公众受骗或者产生误解；

（九）法律、行政法规以及国家规定禁止的其他情形。

第十二条 企业名称冠以"中国"、"中华"、"中央"、"全国"、"国家"等字词，应当按照有关规定从严审核，并报国务院批准。国务院市场监督管理部门负责制定具体管理办法。

企业名称中间含有"中国"、"中华"、"全国"、"国家"等字词的，该字词应当是行业限定语。

使用外国投资者字号的外商独资或者控股的外商投资企业，企业名称中可以含有"（中国）"字样。

第十三条 企业分支机构名称应当冠以其所从属企业的名称，并缀以"分公司"、"分厂"、"分店"等字词。境外企业分支机构还应当在名称中标明该企业的国籍及责任形式。

第十四条 企业集团名称应当与控股企业名称的行政区划名称、字号、行业或者经营特点一致。控股企业可以在其名称的组织形式之前使用"集团"或者"（集团）"字样。

第十五条 有投资关系或者经过授权的企业，其名称中可以含有另一个企业的名称或者其他法人、非法人组织的名称。

第十六条 企业名称由申请人自主申报。

申请人可以通过企业名称申报系统或者在企业登记机关服务窗口提交有关信息和材料，对拟定的企业名称进行查询、比对和筛选，选取符合本规定要求的企业名称。

申请人提交的信息和材料应当真实、准确、完整，并承诺因其企业名称与他人企业名称近似侵犯他人合法权益的，依法承担法律责任。

第十七条 在同一企业登记机关，申请人拟定的企业名称中的字号不得与下列同行业或者不使用行业、经营特点表述的企业名称中的字号相同：

（一）已经登记或者在保留期内的企业名称，有投资关系的除外；

（二）已经注销或者变更登记未满1年的原企业名称，有投资关系或者受让企业名称的除外；

（三）被撤销设立登记或者被撤销变更登记未满1年的原企业名称，有投资关系的除外。

第十八条 企业登记机关对通过企业名称申报系统提交完成的企业名称予以保留，保留期为2个月。设立企业依法应当报经批准或者企业经营范围中有在登记前须经批准的项目的，保留期为1年。

申请人应当在保留期届满前办理企业登记。

第十九条 企业名称转让或者授权他人使用的，相关企业应当依法通过国家企业信用信息公示系统向社会公示。

第二十条 企业登记机关在办理企业登记时，发现企业名称不符合本规定的，不予登记并书面说明理由。

企业登记机关发现已经登记的企业名称不符合本规定的，应当及时纠正。其他单位或者个人认为已经登记的企业名称不符合本规定的，可以请求企业登记机关予以纠正。

第二十一条 企业认为其他企业名称侵犯本企业名称合法权益的，可以向人民法院起诉或者请求为涉嫌侵权企业办理登记的企业登记机关处理。

企业登记机关受理申请后，可以进行调解；调解不成的，企业登记机关应当自受理之日起3个月内作出行政裁决。

第二十二条 利用企业名称实施不正当竞争等行为的，依照有关法律、行政法规的规定处理。

第二十三条 使用企业名称应当遵守法律法规，诚实守信，不得损害他人合法权益。

人民法院或者企业登记机关依法认定企业名称应当停止使用的，企业应当自收到人民法院生效的法律文书或者企业登记机关的处理决定之日起30日内办理企业名称变更登记。名称变更前，由企业登记机关以统一社会信用代码代替其名称。企业逾期未办理变更登记的，企业登记机关将其列入经营异常名录；完成变更登记后，企业登记机关将其移出经营异常名录。

第二十四条 申请人登记或者使用企业名称违反本规定的，依照企业登记相关法律、行政法规的规定予以处罚。

企业登记机关对不符合本规定的企业名称予以登记，或者对符合本规定的企业名称不予登记的，对直接负责的主管人员和其他直接责任人员，依法给予行政处分。

第二十五条 农民专业合作社和个体工商户的名称登记管理，参照本规定执行。

第二十六条 本规定自2021年3月1日起施行。

有限合伙企业国有权益登记暂行规定

（2020年1月3日　国资发产权规〔2020〕2号）

第一条 为加强有限合伙企业国有权益登记管理，及时、准确、全面反映有限合伙企业国有权益状况，根据《中华人民共和国企业国有资产法》《中华人民共和国合伙企业法》《企业国有资产监督管理暂行条例》（国务院令第378号）等有关法律法规，制定本规定。

第二条 本规定所称有限合伙企业国有权益登记，是指国有资产监督管理机构对本级人民政府授权履行出资人职责的国家出资企业（不含国有资本参股公司，下同）及其拥有实际控制权的各级子企业（以下统称出资企业）对有限合伙企业出资所形成的权益及其分布状况进行登记的行为。

前款所称拥有实际控制权，是指国家出资企业直接或间接合计持股比例超过50%，或者持股比例虽然未超过50%，但为第一大股东，并通过股东协议、公司章程、董事会决议或者其他协议安排能够实际支配企业行为的情形。

第三条 有限合伙企业国有权益登记分为占有登记、变动登记和注销登记。

第四条 出资企业通过出资入伙、受让等方式首次取得有限合伙企业财产份额的，应当办理占有登记。

第五条 占有登记包括下列内容：

（一）企业名称；

（二）成立日期、合伙期限（如有）、主要经营场所；

（三）执行事务合伙人；

（四）经营范围；

（五）认缴出资额与实缴出资额；

（六）合伙人名称、类型、类别、出资方式、认缴出资额、认缴出资比例、实缴出资额、缴付期限；

（七）对外投资情况（如有），包括投资标的名称、统一信用编码、所属行业、投资额、投资比例等；

（八）合伙协议；

（九）其他需登记的内容。

第六条 有限合伙企业有下列情形之一的，应当办理变动登记：

（一）企业名称改变的；

（二）主要经营场所改变的；

（三）执行事务合伙人改变的；

（四）经营范围改变的；

（五）认缴出资额改变的；

（六）合伙人的名称、类型、类别、出资方式、认缴出资额、认缴出资比例改变的；

（七）其他应当办理变动登记的情形。

第七条 有限合伙企业有下列情形之一的，应当办理注销登记：

（一）解散、清算并注销的；

（二）因出资企业转让财产份额、退伙或出资企业性质改变等导致有限合伙企业不再符合第二条登记要求的。

第八条 出资企业负责填报其对有限合伙企业出资所形成权益的相关情况，并按照出资关系逐级报送国家出资企业；国家出资企业对相关信息进行审核确认后完成登记，并向国有资产监督管理机构报送相关信息。多个出资企业共同出资的有限合伙企业，由各出资企业分别进行登记。

第九条 有限合伙企业国有权益登记应当在相关情形发生后30个工作日内办理。出资企业应当于每年1月31日前更新上一年度所出资有限合伙企业的实缴出资情况及对外投资情况等信息。

第十条 国家出资企业应当建立有限合伙企业国有权益登记工作流程，落实登记管理责任，做好档案管理、登记数据汇总等工作。

第十一条 国有资产监督管理机构定期对有限合伙企业国有权益登记情况进行核对，发现企业未按照本规定进行登记或登记信息与实际情形严重不符的，责令改正。

第十二条 各地方国有资产监督管理机构可以依据本规定制定本地区的具体规定。

第十三条 本规定自印发之日起施行。

国务院关于个人独资企业和合伙企业征收所得税问题的通知

（2000年6月20日　国发〔2000〕16号）

各省、自治区、直辖市人民政府，国务院各部委、各直属机构：

为公平税负，支持和鼓励个人投资兴办企业，促进国民经济持续、快速、健康发展，国务院决定，自2000年1月1日起，对个人独资企业和合伙企业停止征收企业所得税，其投资者的生产经营所得，比照个体工商户的生产、经营所得征收个人所得税。具体税收政策和征税办法由国家财税主管部门另行制定。

财政部、国家税务总局关于个人独资企业和合伙企业投资者征收个人所得税的规定

(2000年9月19日　财税〔2000〕91号)

第一条 为了贯彻落实《国务院关于个人独资企业和合伙企业征收所得税问题的通知》精神，根据《中华人民共和国个人所得税法》及其实施条例、《中华人民共和国税收征收管理法》及其实施细则的有关规定，特制定本规定。

第二条 本规定所称个人独资企业和合伙企业是指：

（一）依照《中华人民共和国个人独资企业法》和《中华人民共和国合伙企业法》登记成立的个人独资企业、合伙企业；

（二）依照《中华人民共和国私营企业暂行条例》登记成立的独资、合伙性质的私营企业；

（三）依照《中华人民共和国律师法》登记成立的合伙制律师事务所；

（四）经政府有关部门依照法律法规批准成立的负无限责任和无限连带责任的其他个人独资、个人合伙性质的机构或组织。

第三条 个人独资企业以投资者为纳税义务人，合伙企业以每一个合伙人为纳税义务人（以下简称投资者）。

第四条 个人独资企业和合伙企业（以下简称企业）每一纳税年度的收入总额减除成本、费用以及损失后的余额，作为投资者个人的生产经营所得，比照个人所得税法的"个体工商户的生产经营所得"应税项目，适用5%~35%的五级超额累进税率，计算征收个人所得税。

前款所称收入总额，是指企业从事生产经营以及与生产经营有关的活动所取得的各项收入，包括商品（产品）销售收入、营运收入、劳务服务收入、工程价款收入、财产出租或转让收入、利息收入、其他业务收入和营业外收入。

第五条　个人独资企业的投资者以全部生产经营所得为应纳税所得额；合伙企业的投资者按照合伙企业的全部生产经营所得和合伙协议约定的分配比例确定应纳税所得额，合伙协议没有约定分配比例的，以全部生产经营所得和合伙人数量平均计算每个投资者的应纳税所得额。

前款所称生产经营所得，包括企业分配给投资者个人的所得和企业当年留存的所得（利润）。

第六条[①]　凡实行查账征税办法的，生产经营所得比照《个体工商户个人所得税计税办法（试行）》（国税发〔1997〕43号）的规定确定。但下列项目的扣除依照本办法的规定执行：

（一）投资者的费用扣除标准，由各省、自治区、直辖市地方税务局参照个人所得税法"工资、薪金所得"项目的费用扣除标准确定。投资者的工资不得在税前扣除。

（二）企业从业人员的工资支出按标准在税前扣除，具体标准由各省、自治区、直辖市地方税务局参照企业所得税计税工资标准确定。

（三）投资者及其家庭发生的生活费用不允许在税前扣除。投资者及其家庭发生的生活费用与企业生产经营费用混合在一起，并且难以划分的，全部视为投资者个人及其家庭发生的生活费用，不允许在税前扣除。

（四）企业生产经营和投资者及其家庭生活共用的固定资产，难以划分的，由主管税务机关根据企业的生产经营类型、规模等具体情况，核定准予在税前扣除的折旧费用的数额或比例。

（五）企业实际发生的工会经费、职工福利费、职工教育经费分别在其计税工资总额的2%、14%、1.5%的标准内据实扣除。

（六）企业每一纳税年度发生的广告和业务宣传费用不超过当年销

---

① 本条第（一）、（二）、（五）、（六）、（七）项已被财税〔2008〕65号修改，具体参考本书第106－107页内容。

售（营业）收入2%的部分，可据实扣除；超过部分可无限期向以后纳税年度结转。

（七）企业每一纳税年度发生的与其生产经营业务直接相关的业务招待费，在以下规定比例范围内，可据实扣除：全年销售（营业）收入净额在1500万元及其以下的，不超过销售（营业）收入净额的5‰；全年销售（营业）收入净额超过1500万元的，不超过该部分的3‰。

（八）企业计提的各种准备金不得扣除。

第七条 有下列情形之一的，主管税务机关应采取核定征收方式征收个人所得税：

（一）企业依照国家有关规定应当设置但未设置账簿的；

（二）企业虽设置账簿，但账目混乱或者成本资料、收入凭证、费用凭证残缺不全，难以查账的；

（三）纳税人发生纳税义务，未按照规定的期限办理纳税申报，经税务机关责令限期申报，逾期仍不申报的。

第八条 第七条所说核定征收方式，包括定额征收、核定应税所得率征收以及其他合理的征收方式。

第九条 实行核定应税所得率征收方式的，应纳所得税额的计算公式如下：

应纳所得税额 = 应纳税所得额 × 适用税率
应纳税所得额 = 收入总额 × 应税所得率
或　　　　　 = 成本费用支出额 ÷（1 – 应税所得率）× 应税所得率
应税所得率应按下表规定的标准执行：

应税所得率表

行　业	应税所得率（%）
工业、交通运输业、商业	5～20
建筑业、房地产开发业	7～20
饮食服务业	7～25
娱乐业	20～40
其他行业	10～30

企业经营多业的，无论其经营项目是否单独核算，均应根据其主营项目确定其适用的应税所得率。

第十条 实行核定征税的投资者，不能享受个人所得税的优惠政策。

第十一条 企业与其关联企业之间的业务往来，应当按照独立企业之间的业务往来收取或者支付价款、费用。不按照独立企业之间的业务往来收取或者支付价款、费用，而减少其应纳税所得额的，主管税务机关有权进行合理调整。

前款所称关联企业，其认定条件及税务机关调整其价款、费用的方法，按照《中华人民共和国税收征收管理法》及其实施细则的有关规定执行。

第十二条 投资者兴办两个或两个以上企业的（包括参与兴办，下同），年度终了时，应汇总从所有企业取得的应纳税所得额，据此确定适用税率并计算缴纳应纳税款。

第十三条 投资者兴办两个或两个以上企业的，根据本规定第六条第一款规定准予扣除的个人费用，由投资者选择在其中一个企业的生产经营所得中扣除。

第十四条 企业的年度亏损，允许用本企业下一年度的生产经营所得弥补，下一年度所得不足弥补的，允许逐年延续弥补，但最长不得超过5年。

投资者兴办两个或两个以上企业的，企业的年度经营亏损不能跨企业弥补。

第十五条 投资者来源于中国境外的生产经营所得，已在境外缴纳所得税的，可以按照个人所得税法的有关规定计算扣除已在境外缴纳的所得税。

第十六条 企业进行清算时，投资者应当在注销工商登记之前，向主管税务机关结清有关税务事宜。企业的清算所得应当视为年度生产经营所得，由投资者依法缴纳个人所得税。

前款所称清算所得，是指企业清算时的全部资产或者财产的公允价值扣除各项清算费用、损失、负债、以前年度留存的利润后，超过实缴资本的部分。

第十七条 投资者应纳的个人所得税税款，按年计算，分月或者分季预缴，由投资者在每月或者每季度终了后7日内预缴，年度终了后3个月内汇算清缴，多退少补。

第十八条 企业在年度中间合并、分立、终止时，投资者应当在停止生产经营之日起60日内，向主管税务机关办理当期个人所得税汇算清缴。

第十九条 企业在纳税年度的中间开业，或者由于合并、关闭等原因，使该纳税年度的实际经营不足12个月的，应当以其实际经营期为一个纳税年度。

第二十条 投资者应向企业实际经营管理所在地主管税务机关申报缴纳个人所得税。投资者从合伙企业取得的生产经营所得，由合伙企业向企业实际经营管理所在地主管税务机关申报缴纳投资者应纳的个人所得税，并将个人所得税申报表抄送投资者。

投资者兴办两个或两个以上企业的，应分别向企业实际经营管理所在地主管税务机关预缴税款。年度终了后办理汇算清缴时，区别不同情况分别处理：

（一）投资者兴办的企业全部是个人独资性质的，分别向各企业的实际经营管理所在地主管税务机关办理年度纳税申报，并依所有企业的经营所得总额确定适用税率，以本企业的经营所得为基础，计算应缴税款，办理汇算清缴；

（二）投资者兴办的企业中含有合伙性质的，投资者应向经常居住地主管税务机关申报纳税，办理汇算清缴，但经常居住地与其兴办企业的经营管理所在地不一致的，应选定其参与兴办的某一合伙企业的经营管理所在地为办理年度汇算清缴所在地，并在5年内不得变更。5年后需要变更的，须经原主管税务机关批准。

第二十一条 投资者在预缴个人所得税时，应向主管税务机关报送《个人独资企业和合伙企业投资者个人所得税申报表》，并附送会计报表。

年度终了后30日内，投资者应向主管税务机关报送《个人独资企业和合伙企业投资者个人所得税申报表》，并附送年度会计决算报表和预缴个人所得税纳税凭证。

投资者兴办两个或两个以上企业的，向企业实际经营管理所在地主管税务机关办理年度纳税申报时，应附注从其他企业取得的年度应纳税所得额；其中含有合伙企业的，应报送汇总从所有企业取得的所得情况的《合伙企业投资者个人所得税汇总申报表》，同时附送所有企业的年度会计决算报表和当年度已缴个人所得税纳税凭证。

第二十二条　投资者的个人所得税征收管理工作由地方税务局负责。

第二十三条　投资者的个人所得税征收管理的其他事项，依照《中华人民共和国税收征收管理法》、《中华人民共和国个人所得税法》的有关规定执行。

第二十四条　本规定由国家税务总局负责解释。各省、自治区、直辖市地方税务局可以根据本规定规定的原则，结合本地实际，制定具体实施办法。

第二十五条　本规定从 2000 年 1 月 1 日起执行。

财政部、国家税务总局关于调整个体工商户个人独资企业和合伙企业个人所得税税前扣除标准有关问题的通知

（2008 年 6 月 3 日　财税〔2008〕65 号）

各省、自治区、直辖市、计划单列市财政厅（局）、地方税务局，西藏、宁夏、青海省（自治区）国家税务局，新疆生产建设兵团财务局：

根据现行个人所得税法及其实施条例和相关政策规定，现将个体工商户、个人独资企业和合伙企业个人所得税税前扣除标准有关问题通知如下：

一、对个体工商户业主、个人独资企业和合伙企业投资者的生产经营所得依法计征个人所得税时，个体工商户业主、个人独资企业和合伙企业投资者本人的费用扣除标准统一确定为 24000 元/年（2000 元/月）。①

---

①　本条已停止执行。合伙企业自然人投资者个人所得税减除费用及税率适用 2018 年 8 月 31 日修正的《个人所得税法》相关规定。

二、个体工商户、个人独资企业和合伙企业向其从业人员实际支付的合理的工资、薪金支出，允许在税前据实扣除。

三、个体工商户、个人独资企业和合伙企业拨缴的工会经费、发生的职工福利费、职工教育经费支出分别在工资薪金总额2%、14%、2.5%的标准内据实扣除。

四、个体工商户、个人独资企业和合伙企业每一纳税年度发生的广告费和业务宣传费用不超过当年销售（营业）收入15%的部分，可据实扣除；超过部分，准予在以后纳税年度结转扣除。

五、个体工商户、个人独资企业和合伙企业每一纳税年度发生的与其生产经营业务直接相关的业务招待费支出，按照发生额的60%扣除，但最高不得超过当年销售（营业）收入的5‰。

六、上述第一条规定自2008年3月1日起执行，第二、三、四、五条规定自2008年1月1日起执行。

七、《国家税务总局关于印发〈个体工商户个人所得税计税办法（试行）〉的通知》（国税发〔1997〕43号）第十三条第一款、第二十九条根据上述规定作相应修改；增加一条作为第三十条："个体工商户拨缴的工会经费、发生的职工福利费、职工教育经费支出分别在工资薪金总额2%、14%、2.5%的标准内据实扣除。"同时对条文的顺序作相应调整。

《财政部 国家税务总局关于印发〈关于个人独资企业和合伙企业投资者征收个人所得税的规定〉的通知》（财税〔2000〕91号）附件1第六条第（一）、（二）、（五）、（六）、（七）项根据上述规定作相应修改。

《财政部 国家税务总局关于调整个体工商户业主 个人独资企业和合伙企业投资者个人所得税费用扣除标准的通知》（财税〔2006〕44号）停止执行。

财政部、国家税务总局关于合伙企业合伙人所得税问题的通知

(2008年12月23日 财税〔2008〕159号)

各省、自治区、直辖市、计划单列市财政厅（局）、国家税务局、地方税务局，新疆生产建设兵团财务局：

根据《中华人民共和国企业所得税法》及其实施条例和《中华人民共和国个人所得税法》有关规定，现将合伙企业合伙人的所得税问题通知如下：

一、本通知所称合伙企业是指依照中国法律、行政法规成立的合伙企业。

二、合伙企业以每一个合伙人为纳税义务人。合伙企业合伙人是自然人的，缴纳个人所得税；合伙人是法人和其他组织的，缴纳企业所得税。

三、合伙企业生产经营所得和其他所得采取"先分后税"的原则。具体应纳税所得额的计算按照《关于个人独资企业和合伙企业投资者征收个人所得税的规定》（财税〔2000〕91号）及《财政部 国家税务总局关于调整个体工商户个人独资企业和合伙企业个人所得税税前扣除标准有关问题的通知》（财税〔2008〕65号）的有关规定执行。

前款所称生产经营所得和其他所得，包括合伙企业分配给所有合伙人的所得和企业当年留存的所得（利润）。

四、合伙企业的合伙人按照下列原则确定应纳税所得额：

（一）合伙企业的合伙人以合伙企业的生产经营所得和其他所得，按照合伙协议约定的分配比例确定应纳税所得额。

（二）合伙协议未约定或者约定不明确的，以全部生产经营所得和其他所得，按照合伙人协商决定的分配比例确定应纳税所得额。

（三）协商不成的，以全部生产经营所得和其他所得，按照合伙人实缴出资比例确定应纳税所得额。

（四）无法确定出资比例的，以全部生产经营所得和其他所得，按

照合伙人数量平均计算每个合伙人的应纳税所得额。

合伙协议不得约定将全部利润分配给部分合伙人。

五、合伙企业的合伙人是法人和其他组织的，合伙人在计算其缴纳企业所得税时，不得用合伙企业的亏损抵减其盈利。

六、上述规定自2008年1月1日起执行。此前规定与本通知有抵触的，以本通知为准。

中华人民共和国企业破产法

（2006年8月27日第十届全国人民代表大会常务委员会第二十三次会议通过 2006年8月27日中华人民共和国主席令第54号公布 自2007年6月1日起施行）

第一章 总 则

第一条 【立法宗旨】为规范企业破产程序，公平清理债权债务，保护债权人和债务人的合法权益，维护社会主义市场经济秩序，制定本法。

第二条 【清理债务与重整】企业法人不能清偿到期债务，并且资产不足以清偿全部债务或者明显缺乏清偿能力的，依照本法规定清理债务。

企业法人有前款规定情形，或者有明显丧失清偿能力可能的，可以依照本法规定进行重整。

第三条 【破产案件的管辖】破产案件由债务人住所地人民法院管辖。

第四条 【程序的法律适用】破产案件审理程序，本法没有规定的，适用民事诉讼法的有关规定。

第五条 【破产程序的效力】依照本法开始的破产程序，对债务人在中华人民共和国领域外的财产发生效力。

对外国法院作出的发生法律效力的破产案件的判决、裁定，涉及债务人在中华人民共和国领域内的财产，申请或者请求人民法院承认和执行的，人民法院依照中华人民共和国缔结或者参加的国际条约，或者按照互惠原则进行审查，认为不违反中华人民共和国法律的基本原则，不损害国家主权、安全和社会公共利益，不损害中华人民共和国领域内债权人的合法权益的，裁定承认和执行。

第六条　【企业职工权益的保障与企业经营管理人员法律责任的追究】人民法院审理破产案件，应当依法保障企业职工的合法权益，依法追究破产企业经营管理人员的法律责任。

第二章　申请和受理

第一节　申　　请

第七条　【申请主体】债务人有本法第二条规定的情形，可以向人民法院提出重整、和解或者破产清算申请。

债务人不能清偿到期债务，债权人可以向人民法院提出对债务人进行重整或者破产清算的申请。

企业法人已解散但未清算或者未清算完毕，资产不足以清偿债务的，依法负有清算责任的人应当向人民法院申请破产清算。

第八条　【破产申请书与证据】向人民法院提出破产申请，应当提交破产申请书和有关证据。

破产申请书应当载明下列事项：

（一）申请人、被申请人的基本情况；

（二）申请目的；

（三）申请的事实和理由；

（四）人民法院认为应当载明的其他事项。

债务人提出申请的，还应当向人民法院提交财产状况说明、债务清册、债权清册、有关财务会计报告、职工安置预案以及职工工资的支付和社会保险费用的缴纳情况。

第九条　【破产申请的撤回】人民法院受理破产申请前，申请人可以请求撤回申请。

第二节　受　　理

第十条　【破产申请的受理】债权人提出破产申请的，人民法院应当自收到申请之日起五日内通知债务人。债务人对申请有异议的，应当自收到人民法院的通知之日起七日内向人民法院提出。人民法院应当自异议期满之日起十日内裁定是否受理。

除前款规定的情形外，人民法院应当自收到破产申请之日起十五日内裁定是否受理。

有特殊情况需要延长前两款规定的裁定受理期限的，经上一级人民法院批准，可以延长十五日。

第十一条 【裁定受理与债务人提交材料】人民法院受理破产申请的，应当自裁定作出之日起五日内送达申请人。

债权人提出申请的，人民法院应当自裁定作出之日起五日内送达债务人。债务人应当自裁定送达之日起十五日内，向人民法院提交财产状况说明、债务清册、债权清册、有关财务会计报告以及职工工资的支付和社会保险费用的缴纳情况。

第十二条 【裁定不受理与驳回申请】人民法院裁定不受理破产申请的，应当自裁定作出之日起五日内送达申请人并说明理由。申请人对裁定不服的，可以自裁定送达之日起十日内向上一级人民法院提起上诉。

人民法院受理破产申请后至破产宣告前，经审查发现债务人不符合本法第二条规定情形的，可以裁定驳回申请。申请人对裁定不服的，可以自裁定送达之日起十日内向上一级人民法院提起上诉。

第十三条 【指定管理人】人民法院裁定受理破产申请的，应当同时指定管理人。

第十四条 【通知债权人与公告】人民法院应当自裁定受理破产申请之日起二十五日内通知已知债权人，并予以公告。

通知和公告应当载明下列事项：

（一）申请人、被申请人的名称或者姓名；

（二）人民法院受理破产申请的时间；

（三）申报债权的期限、地点和注意事项；

（四）管理人的名称或者姓名及其处理事务的地址；

（五）债务人的债务人或者财产持有人应当向管理人清偿债务或者交付财产的要求；

（六）第一次债权人会议召开的时间和地点；

（七）人民法院认为应当通知和公告的其他事项。

第十五条 【债务人的有关人员的义务】自人民法院受理破产申请的裁定送达债务人之日起至破产程序终结之日，债务人的有关人员承担下列义务：

（一）妥善保管其占有和管理的财产、印章和账簿、文书等资料；
（二）根据人民法院、管理人的要求进行工作，并如实回答询问；
（三）列席债权人会议并如实回答债权人的询问；
（四）未经人民法院许可，不得离开住所地；
（五）不得新任其他企业的董事、监事、高级管理人员。

前款所称有关人员，是指企业的法定代表人；经人民法院决定，可以包括企业的财务管理人员和其他经营管理人员。

第十六条 【债务人个别清偿的无效】人民法院受理破产申请后，债务人对个别债权人的债务清偿无效。

第十七条 【债务人的债务人或者财产持有人的义务】人民法院受理破产申请后，债务人的债务人或者财产持有人应当向管理人清偿债务或者交付财产。

债务人的债务人或者财产持有人故意违反前款规定向债务人清偿债务或者交付财产，使债权人受到损失的，不免除其清偿债务或者交付财产的义务。

第十八条 【破产申请受理前成立的合同的继续履行与解除】人民法院受理破产申请后，管理人对破产申请受理前成立而债务人和对方当事人均未履行完毕的合同有权决定解除或者继续履行，并通知对方当事人。管理人自破产申请受理之日起二个月内未通知对方当事人，或者自收到对方当事人催告之日起三十日内未答复的，视为解除合同。

管理人决定继续履行合同的，对方当事人应当履行；但是，对方当事人有权要求管理人提供担保。管理人不提供担保的，视为解除合同。

第十九条 【保全措施解除与执行程序中止】人民法院受理破产申请后，有关债务人财产的保全措施应当解除，执行程序应当中止。

第二十条 【民事诉讼或仲裁的中止与继续】人民法院受理破产申请后，已经开始而尚未终结的有关债务人的民事诉讼或者仲裁应当中止；在管理人接管债务人的财产后，该诉讼或者仲裁继续进行。

第二十一条 【债务人的民事诉讼的管辖】人民法院受理破产申请后,有关债务人的民事诉讼,只能向受理破产申请的人民法院提起。

第三章 管 理 人

第二十二条 【管理人的指定与更换】管理人由人民法院指定。

债权人会议认为管理人不能依法、公正执行职务或者有其他不能胜任职务情形的,可以申请人民法院予以更换。

指定管理人和确定管理人报酬的办法,由最高人民法院规定。

第二十三条 【管理人的义务】管理人依照本法规定执行职务,向人民法院报告工作,并接受债权人会议和债权人委员会的监督。

管理人应当列席债权人会议,向债权人会议报告职务执行情况,并回答询问。

第二十四条 【管理人的资格】管理人可以由有关部门、机构的人员组成的清算组或者依法设立的律师事务所、会计师事务所、破产清算事务所等社会中介机构担任。

人民法院根据债务人的实际情况,可以在征询有关社会中介机构的意见后,指定该机构具备相关专业知识并取得执业资格的人员担任管理人。

有下列情形之一的,不得担任管理人:

(一)因故意犯罪受过刑事处罚;

(二)曾被吊销相关专业执业证书;

(三)与本案有利害关系;

(四)人民法院认为不宜担任管理人的其他情形。

个人担任管理人的,应当参加执业责任保险。

第二十五条 【管理人的职责】管理人履行下列职责:

(一)接管债务人的财产、印章和账簿、文书等资料;

(二)调查债务人财产状况,制作财产状况报告;

(三)决定债务人的内部管理事务;

(四)决定债务人的日常开支和其他必要开支;

(五)在第一次债权人会议召开之前,决定继续或者停止债务人的营业；
（六）管理和处分债务人的财产；
（七）代表债务人参加诉讼、仲裁或者其他法律程序；
（八）提议召开债权人会议；
（九）人民法院认为管理人应当履行的其他职责。
本法对管理人的职责另有规定的，适用其规定。

第二十六条 【第一次债权人会议前管理人行为的许可】在第一次债权人会议召开之前，管理人决定继续或者停止债务人的营业或者有本法第六十九条规定行为之一的，应当经人民法院许可。

第二十七条 【管理人的忠实义务】管理人应当勤勉尽责，忠实执行职务。

第二十八条 【管理人聘任工作人员与管理人的报酬】管理人经人民法院许可，可以聘用必要的工作人员。

管理人的报酬由人民法院确定。债权人会议对管理人的报酬有异议的，有权向人民法院提出。

第二十九条 【管理人的辞职】管理人没有正当理由不得辞去职务。管理人辞去职务应当经人民法院许可。

第四章 债务人财产

第三十条 【债务人财产】破产申请受理时属于债务人的全部财产，以及破产申请受理后至破产程序终结前债务人取得的财产，为债务人财产。

第三十一条 【受理破产申请前一年内行为的撤销】人民法院受理破产申请前一年内，涉及债务人财产的下列行为，管理人有权请求人民法院予以撤销：
（一）无偿转让财产的；
（二）以明显不合理的价格进行交易的；
（三）对没有财产担保的债务提供财产担保的；
（四）对未到期的债务提前清偿的；
（五）放弃债权的。

第三十二条 【受理破产申请前六个月内行为的撤销】人民法院

受理破产申请前六个月内，债务人有本法第二条第一款规定的情形，仍对个别债权人进行清偿的，管理人有权请求人民法院予以撤销。但是，个别清偿使债务人财产受益的除外。

第三十三条　【无效行为】涉及债务人财产的下列行为无效：

（一）为逃避债务而隐匿、转移财产的；

（二）虚构债务或者承认不真实的债务的。

第三十四条　【追回因被撤销或无效行为取得的债务人的财产】因本法第三十一条、第三十二条或者第三十三条规定的行为而取得的债务人的财产，管理人有权追回。

第三十五条　【债务人的出资人缴纳出资】人民法院受理破产申请后，债务人的出资人尚未完全履行出资义务的，管理人应当要求该出资人缴纳所认缴的出资，而不受出资期限的限制。

第三十六条　【管理人员非正常收入和财产的追回】债务人的董事、监事和高级管理人员利用职权从企业获取的非正常收入和侵占的企业财产，管理人应当追回。

第三十七条　【管理人取回质物、留置物】人民法院受理破产申请后，管理人可以通过清偿债务或者提供为债权人接受的担保，取回质物、留置物。

前款规定的债务清偿或者替代担保，在质物或者留置物的价值低于被担保的债权额时，以该质物或者留置物当时的市场价值为限。

第三十八条　【权利人财产的取回】人民法院受理破产申请后，债务人占有的不属于债务人的财产，该财产的权利人可以通过管理人取回。但是，本法另有规定的除外。

第三十九条　【在途运输标的物的取回与交付】人民法院受理破产申请时，出卖人已将买卖标的物向作为买受人的债务人发运，债务人尚未收到且未付清全部价款的，出卖人可以取回在运途中的标的物。但是，管理人可以支付全部价款，请求出卖人交付标的物。

第四十条　【抵销权】债权人在破产申请受理前对债务人负有债务的，可以向管理人主张抵销。但是，有下列情形之一的，不得抵销：

（一）债务人的债务人在破产申请受理后取得他人对债务人的债权的；

（二）债权人已知债务人有不能清偿到期债务或者破产申请的事实，对债务人负担债务的；但是，债权人因为法律规定或者有破产申请一年前所发生的原因而负担债务的除外；

（三）债务人的债务人已知债务人有不能清偿到期债务或者破产申请的事实，对债务人取得债权的；但是，债务人的债务人因为法律规定或者有破产申请一年前所发生的原因而取得债权的除外。

第五章　破产费用和共益债务

第四十一条　【破产费用】人民法院受理破产申请后发生的下列费用，为破产费用：

（一）破产案件的诉讼费用；

（二）管理、变价和分配债务人财产的费用；

（三）管理人执行职务的费用、报酬和聘用工作人员的费用。

第四十二条　【共益债务】人民法院受理破产申请后发生的下列债务，为共益债务：

（一）因管理人或者债务人请求对方当事人履行双方均未履行完毕的合同所产生的债务；

（二）债务人财产受无因管理所产生的债务；

（三）因债务人不当得利所产生的债务；

（四）为债务人继续营业而应支付的劳动报酬和社会保险费用以及由此产生的其他债务；

（五）管理人或者相关人员执行职务致人损害所产生的债务；

（六）债务人财产致人损害所产生的债务。

第四十三条　【破产费用和共益债务的清偿】破产费用和共益债务由债务人财产随时清偿。

债务人财产不足以清偿所有破产费用和共益债务的，先行清偿破产费用。

债务人财产不足以清偿所有破产费用或者共益债务的，按照比例清偿。

债务人财产不足以清偿破产费用的，管理人应当提请人民法院终结破产程序。人民法院应当自收到请求之日起十五日内裁定终结破产程序，并予以公告。

第六章 债权申报

第四十四条 【债权人依法定程序行使权利】人民法院受理破产申请时对债务人享有债权的债权人，依照本法规定的程序行使权利。

第四十五条 【债权申报期限】人民法院受理破产申请后，应当确定债权人申报债权的期限。债权申报期限自人民法院发布受理破产申请公告之日起计算，最短不得少于三十日，最长不得超过三个月。

第四十六条 【未到期的债权与附利息的债权的算定】未到期的债权，在破产申请受理时视为到期。

附利息的债权自破产申请受理时起停止计息。

第四十七条 【附条件、附期限债权与未决债权的申报】附条件、附期限的债权和诉讼、仲裁未决的债权，债权人可以申报。

第四十八条 【申报债权的公示与异议】债权人应当在人民法院确定的债权申报期限内向管理人申报债权。

债务人所欠职工的工资和医疗、伤残补助、抚恤费用，所欠的应当划入职工个人账户的基本养老保险、基本医疗保险费用，以及法律、行政法规规定应当支付给职工的补偿金，不必申报，由管理人调查后列出清单并予以公示。职工对清单记载有异议的，可以要求管理人更正；管理人不予更正的，职工可以向人民法院提起诉讼。

第四十九条 【申报债权的书面说明】债权人申报债权时，应当书面说明债权的数额和有无财产担保，并提交有关证据。申报的债权是连带债权的，应当说明。

第五十条 【连带债权人申报债权】连带债权人可以由其中一人代表全体连带债权人申报债权，也可以共同申报债权。

第五十一条 【连带债务人申报债权】债务人的保证人或者其他连带债务人已经代替债务人清偿债务的，以其对债务人的求偿权申报债权。

债务人的保证人或者其他连带债务人尚未代替债务人清偿债务的，以其对债务人的将来求偿权申报债权。但是，债权人已经向管理人申报全部债权的除外。

第五十二条 【连带债务人的债权人申报债权】连带债务人数人被

裁定适用本法规定的程序的，其债权人有权就全部债权分别在各破产案件中申报债权。

第五十三条　【解除合同后对方当事人申报债权】管理人或者债务人依照本法规定解除合同的，对方当事人以因合同解除所产生的损害赔偿请求权申报债权。

第五十四条　【受托人申报债权】债务人是委托合同的委托人，被裁定适用本法规定的程序，受托人不知该事实，继续处理委托事务的，受托人以由此产生的请求权申报债权。

第五十五条　【票据付款人申报债权】债务人是票据的出票人，被裁定适用本法规定的程序，该票据的付款人继续付款或者承兑的，付款人以由此产生的请求权申报债权。

第五十六条　【补充申报债权】在人民法院确定的债权申报期限内，债权人未申报债权的，可以在破产财产最后分配前补充申报；但是，此前已进行的分配，不再对其补充分配。为审查和确认补充申报债权的费用，由补充申报人承担。

债权人未依照本法规定申报债权的，不得依照本法规定的程序行使权利。

第五十七条　【债权表】管理人收到债权申报材料后，应当登记造册，对申报的债权进行审查，并编制债权表。

债权表和债权申报材料由管理人保存，供利害关系人查阅。

第五十八条　【债权表的核查、确认与异议】依照本法第五十七条规定编制的债权表，应当提交第一次债权人会议核查。

债务人、债权人对债权表记载的债权无异议的，由人民法院裁定确认。

债务人、债权人对债权表记载的债权有异议的，可以向受理破产申请的人民法院提起诉讼。

第七章　债权人会议

第一节　一 般 规 定

第五十九条　【债权人会议的组成】依法申报债权的债权人为债权人会议的成员，有权参加债权人会议，享有表决权。

债权尚未确定的债权人，除人民法院能够为其行使表决权而临时确定债权额的外，不得行使表决权。

对债务人的特定财产享有担保权的债权人，未放弃优先受偿权利的，对于本法第六十一条第一款第七项、第十项规定的事项不享有表决权。

债权人可以委托代理人出席债权人会议，行使表决权。代理人出席债权人会议，应当向人民法院或者债权人会议主席提交债权人的授权委托书。

债权人会议应当有债务人的职工和工会的代表参加，对有关事项发表意见。

第六十条　【债权人会议主席】债权人会议设主席一人，由人民法院从有表决权的债权人中指定。

债权人会议主席主持债权人会议。

第六十一条　【债权人会议的职权】债权人会议行使下列职权：

（一）核查债权；

（二）申请人民法院更换管理人，审查管理人的费用和报酬；

（三）监督管理人；

（四）选任和更换债权人委员会成员；

（五）决定继续或者停止债务人的营业；

（六）通过重整计划；

（七）通过和解协议；

（八）通过债务人财产的管理方案；

（九）通过破产财产的变价方案；

（十）通过破产财产的分配方案；

（十一）人民法院认为应当由债权人会议行使的其他职权。

债权人会议应当对所议事项的决议作成会议记录。

第六十二条　【债权人会议的召开】第一次债权人会议由人民法院召集，自债权申报期限届满之日起十五日内召开。

以后的债权人会议，在人民法院认为必要时，或者管理人、债权人委员会、占债权总额四分之一以上的债权人向债权人会议主席提议时召开。

第六十三条　【通知债权人】召开债权人会议，管理人应当提前十五日通知已知的债权人。

第六十四条 【债权人会议的决议】债权人会议的决议，由出席会议的有表决权的债权人过半数通过，并且其所代表的债权额占无财产担保债权总额的二分之一以上。但是，本法另有规定的除外。

债权人认为债权人会议的决议违反法律规定，损害其利益的，可以自债权人会议作出决议之日起十五日内，请求人民法院裁定撤销该决议，责令债权人会议依法重新作出决议。

债权人会议的决议，对于全体债权人均有约束力。

第六十五条 【法院裁定事项】本法第六十一条第一款第八项、第九项所列事项，经债权人会议表决未通过的，由人民法院裁定。

本法第六十一条第一款第十项所列事项，经债权人会议二次表决仍未通过的，由人民法院裁定。

对前两款规定的裁定，人民法院可以在债权人会议上宣布或者另行通知债权人。

第六十六条 【债权人申请复议】债权人对人民法院依照本法第六十五条第一款作出的裁定不服的，债权额占无财产担保债权总额二分之一以上的债权人对人民法院依照本法第六十五条第二款作出的裁定不服的，可以自裁定宣布之日或者收到通知之日起十五日内向该人民法院申请复议。复议期间不停止裁定的执行。

第二节 债权人委员会

第六十七条 【债权人委员会的组成】债权人会议可以决定设立债权人委员会。债权人委员会由债权人会议选任的债权人代表和一名债务人的职工代表或者工会代表组成。债权人委员会成员不得超过九人。

债权人委员会成员应当经人民法院书面决定认可。

第六十八条 【债权人委员会的职权】债权人委员会行使下列职权：

（一）监督债务人财产的管理和处分；

（二）监督破产财产分配；

（三）提议召开债权人会议；

（四）债权人会议委托的其他职权。

债权人委员会执行职务时，有权要求管理人、债务人的有关人员对其职权范围内的事务作出说明或者提供有关文件。

管理人、债务人的有关人员违反本法规定拒绝接受监督的，债权人委员会有权就监督事项请求人民法院作出决定；人民法院应当在五日内作出决定。

第六十九条 【管理人行为的告知】管理人实施下列行为，应当及时报告债权人委员会：

（一）涉及土地、房屋等不动产权益的转让；

（二）探矿权、采矿权、知识产权等财产权的转让；

（三）全部库存或者营业的转让；

（四）借款；

（五）设定财产担保；

（六）债权和有价证券的转让；

（七）履行债务人和对方当事人均未履行完毕的合同；

（八）放弃权利；

（九）担保物的取回；

（十）对债权人利益有重大影响的其他财产处分行为。

未设立债权人委员会的，管理人实施前款规定的行为应当及时报告人民法院。

第八章 重　　整

第一节　重整申请和重整期间

第七十条 【重整申请】债务人或者债权人可以依照本法规定，直接向人民法院申请对债务人进行重整。

债权人申请对债务人进行破产清算的，在人民法院受理破产申请后、宣告债务人破产前，债务人或者出资额占债务人注册资本十分之一以上的出资人，可以向人民法院申请重整。

第七十一条 【裁定重整与公告】人民法院经审查认为重整申请符合本法规定的，应当裁定债务人重整，并予以公告。

第七十二条 【重整期间】自人民法院裁定债务人重整之日起至重整程序终止，为重整期间。

第七十三条 【债务人自行管理与营业】在重整期间,经债务人申请,人民法院批准,债务人可以在管理人的监督下自行管理财产和营业事务。

有前款规定情形的,依照本法规定已接管债务人财产和营业事务的管理人应当向债务人移交财产和营业事务,本法规定的管理人的职权由债务人行使。

第七十四条 【管理人管理与营业】管理人负责管理财产和营业事务的,可以聘任债务人的经营管理人员负责营业事务。

第七十五条 【重整期间担保权的行使与借款】在重整期间,对债务人的特定财产享有的担保权暂停行使。但是,担保物有损坏或者价值明显减少的可能,足以危害担保权人权利的,担保权人可以向人民法院请求恢复行使担保权。

在重整期间,债务人或者管理人为继续营业而借款的,可以为该借款设定担保。

第七十六条 【重整期间的取回权】债务人合法占有的他人财产,该财产的权利人在重整期间要求取回的,应当符合事先约定的条件。

第七十七条 【重整期间对出资人收益分配与董事、监事、高级管理人员持股转让的限制】在重整期间,债务人的出资人不得请求投资收益分配。

在重整期间,债务人的董事、监事、高级管理人员不得向第三人转让其持有的债务人的股权。但是,经人民法院同意的除外。

第七十八条 【重整终止与破产宣告】在重整期间,有下列情形之一的,经管理人或者利害关系人请求,人民法院应当裁定终止重整程序,并宣告债务人破产:

(一)债务人的经营状况和财产状况继续恶化,缺乏挽救的可能性;

(二)债务人有欺诈、恶意减少债务人财产或者其他显著不利于债权人的行为;

(三)由于债务人的行为致使管理人无法执行职务。

第二节 重整计划的制定和批准

第七十九条 【重整计划草案的提交期限】债务人或者管理人应

当自人民法院裁定债务人重整之日起六个月内，同时向人民法院和债权人会议提交重整计划草案。

前款规定的期限届满，经债务人或者管理人请求，有正当理由的，人民法院可以裁定延期三个月。

债务人或者管理人未按期提出重整计划草案的，人民法院应当裁定终止重整程序，并宣告债务人破产。

第八十条　【重整计划草案的制作主体】债务人自行管理财产和营业事务的，由债务人制作重整计划草案。

管理人负责管理财产和营业事务的，由管理人制作重整计划草案。

第八十一条　【重整计划草案的内容】重整计划草案应当包括下列内容：

（一）债务人的经营方案；

（二）债权分类；

（三）债权调整方案；

（四）债权受偿方案；

（五）重整计划的执行期限；

（六）重整计划执行的监督期限；

（七）有利于债务人重整的其他方案。

第八十二条　【债权分类与重整计划草案分组表决】下列各类债权的债权人参加讨论重整计划草案的债权人会议，依照下列债权分类，分组对重整计划草案进行表决：

（一）对债务人的特定财产享有担保权的债权；

（二）债务人所欠职工的工资和医疗、伤残补助、抚恤费用，所欠的应当划入职工个人账户的基本养老保险、基本医疗保险费用，以及法律、行政法规规定应当支付给职工的补偿金；

（三）债务人所欠税款；

（四）普通债权。

人民法院在必要时可以决定在普通债权组中设小额债权组对重整计划草案进行表决。

第八十三条　【不得减免的费用】重整计划不得规定减免债务人欠缴的本法第八十二条第一款第二项规定以外的社会保险费用；该项费用的债权人不参加重整计划草案的表决。

第八十四条 【重整计划草案的表决】人民法院应当自收到重整计划草案之日起三十日内召开债权人会议,对重整计划草案进行表决。

出席会议的同一表决组的债权人过半数同意重整计划草案,并且其所代表的债权额占该组债权总额的三分之二以上的,即为该组通过重整计划草案。

债务人或者管理人应当向债权人会议就重整计划草案作出说明,并回答询问。

第八十五条 【出资人代表列席会议与出资人组表决】债务人的出资人代表可以列席讨论重整计划草案的债权人会议。

重整计划草案涉及出资人权益调整事项的,应当设出资人组,对该事项进行表决。

第八十六条 【表决通过重整计划与重整程序终止】各表决组均通过重整计划草案时,重整计划即为通过。

自重整计划通过之日起十日内,债务人或者管理人应当向人民法院提出批准重整计划的申请。人民法院经审查认为符合本法规定的,应当自收到申请之日起三十日内裁定批准,终止重整程序,并予以公告。

第八十七条 【裁定批准重整计划与重整程序终止】部分表决组未通过重整计划草案的,债务人或者管理人可以同未通过重整计划草案的表决组协商。该表决组可以在协商后再表决一次。双方协商的结果不得损害其他表决组的利益。

未通过重整计划草案的表决组拒绝再次表决或者再次表决仍未通过重整计划草案,但重整计划草案符合下列条件的,债务人或者管理人可以申请人民法院批准重整计划草案:

(一)按照重整计划草案,本法第八十二条第一款第一项所列债权就该特定财产将获得全额清偿,其因延期清偿所受的损失将得到公平补偿,并且其担保权未受到实质性损害,或者该表决组已经通过重整计划草案;

(二)按照重整计划草案,本法第八十二条第一款第二项、第三项所列债权将获得全额清偿,或者相应表决组已经通过重整计划草案;

(三)按照重整计划草案,普通债权所获得的清偿比例,不低于其在重整计划草案被提请批准时依照破产清算程序所能获得的清偿比例,或者该表决组已经通过重整计划草案；

（四）重整计划草案对出资人权益的调整公平、公正，或者出资人组已经通过重整计划草案；

（五）重整计划草案公平对待同一表决组的成员，并且所规定的债权清偿顺序不违反本法第一百一十三条的规定；

（六）债务人的经营方案具有可行性。

人民法院经审查认为重整计划草案符合前款规定的，应当自收到申请之日起三十日内裁定批准，终止重整程序，并予以公告。

第八十八条　【重整程序的非正常终止】重整计划草案未获得通过且未依照本法第八十七条的规定获得批准，或者已通过的重整计划未获得批准的，人民法院应当裁定终止重整程序，并宣告债务人破产。

第三节　重整计划的执行

第八十九条　【重整计划的执行主体】重整计划由债务人负责执行。

人民法院裁定批准重整计划后，已接管财产和营业事务的管理人应当向债务人移交财产和营业事务。

第九十条　【重整计划执行的监督与报告】自人民法院裁定批准重整计划之日起，在重整计划规定的监督期内，由管理人监督重整计划的执行。

在监督期内，债务人应当向管理人报告重整计划执行情况和债务人财务状况。

第九十一条　【监督报告与监督期限的延长】监督期届满时，管理人应当向人民法院提交监督报告。自监督报告提交之日起，管理人的监督职责终止。

管理人向人民法院提交的监督报告，重整计划的利害关系人有权查阅。

经管理人申请，人民法院可以裁定延长重整计划执行的监督期限。

第九十二条　【重整计划的约束力】经人民法院裁定批准的重整计划，对债务人和全体债权人均有约束力。

债权人未依照本法规定申报债权的，在重整计划执行期间不得行使权利；在重整计划执行完毕后，可以按照重整计划规定的同类债权的清偿条件行使权利。

债权人对债务人的保证人和其他连带债务人所享有的权利,不受重整计划的影响。

第九十三条 【重整计划的终止】债务人不能执行或者不执行重整计划的,人民法院经管理人或者利害关系人请求,应当裁定终止重整计划的执行,并宣告债务人破产。

人民法院裁定终止重整计划执行的,债权人在重整计划中作出的债权调整的承诺失去效力。债权人因执行重整计划所受的清偿仍然有效,债权未受清偿的部分作为破产债权。

前款规定的债权人,只有在其他同顺位债权人同自己所受的清偿达到同一比例时,才能继续接受分配。

有本条第一款规定情形的,为重整计划的执行提供的担保继续有效。

第九十四条 【重整计划减免的债务不再清偿】按照重整计划减免的债务,自重整计划执行完毕时起,债务人不再承担清偿责任。

第九章 和 解

第九十五条 【和解申请】债务人可以依照本法规定,直接向人民法院申请和解;也可以在人民法院受理破产申请后、宣告债务人破产前,向人民法院申请和解。

债务人申请和解,应当提出和解协议草案。

第九十六条 【裁定和解】人民法院经审查认为和解申请符合本法规定的,应当裁定和解,予以公告,并召集债权人会议讨论和解协议草案。

对债务人的特定财产享有担保权的权利人,自人民法院裁定和解之日起可以行使权利。

第九十七条 【通过和解协议】债权人会议通过和解协议的决议,由出席会议的有表决权的债权人过半数同意,并且其所代表的债权额占无财产担保债权总额的三分之二以上。

第九十八条 【裁定认可和解协议并终止和解程序】债权人会议通过和解协议的,由人民法院裁定认可,终止和解程序,并予以公告。

管理人应当向债务人移交财产和营业事务，并向人民法院提交执行职务的报告。

第九十九条　【和解协议的否决与宣告破产】和解协议草案经债权人会议表决未获得通过，或者已经债权人会议通过的和解协议未获得人民法院认可的，人民法院应当裁定终止和解程序，并宣告债务人破产。

第一百条　【和解协议的约束力】经人民法院裁定认可的和解协议，对债务人和全体和解债权人均有约束力。

和解债权人是指人民法院受理破产申请时对债务人享有无财产担保债权的人。

和解债权人未依照本法规定申报债权的，在和解协议执行期间不得行使权利；在和解协议执行完毕后，可以按照和解协议规定的清偿条件行使权利。

第一百零一条　【和解协议的影响】和解债权人对债务人的保证人和其他连带债务人所享有的权利，不受和解协议的影响。

第一百零二条　【债务人履行和解协议的义务】债务人应当按照和解协议规定的条件清偿债务。

第一百零三条　【和解协议无效与宣告破产】因债务人的欺诈或者其他违法行为而成立的和解协议，人民法院应当裁定无效，并宣告债务人破产。

有前款规定情形的，和解债权人因执行和解协议所受的清偿，在其他债权人所受清偿同等比例的范围内，不予返还。

第一百零四条　【终止执行和解协议与宣告破产】债务人不能执行或者不执行和解协议的，人民法院经和解债权人请求，应当裁定终止和解协议的执行，并宣告债务人破产。

人民法院裁定终止和解协议执行的，和解债权人在和解协议中作出的债权调整的承诺失去效力。和解债权人因执行和解协议所受的清偿仍然有效，和解债权人未受清偿的部分作为破产债权。

前款规定的债权人，只有在其他债权人同自己所受的清偿达到同一比例时，才能继续接受分配。

有本条第一款规定情形的，为和解协议的执行提供的担保继续有效。

第一百零五条　【自行和解与破产程序终结】人民法院受理破产申请后，债务人与全体债权人就债权债务的处理自行达成协议的，可以请求人民法院裁定认可，并终结破产程序。

第一百零六条　【和解协议减免债务不再清偿】按照和解协议减免的债务，自和解协议执行完毕时起，债务人不再承担清偿责任。

第十章　破产清算

第一节　破产宣告

第一百零七条　【破产宣告】人民法院依照本法规定宣告债务人破产的，应当自裁定作出之日起五日内送达债务人和管理人，自裁定作出之日起十日内通知已知债权人，并予以公告。

债务人被宣告破产后，债务人称为破产人，债务人财产称为破产财产，人民法院受理破产申请时对债务人享有的债权称为破产债权。

第一百零八条　【破产宣告前的破产程序终结】破产宣告前，有下列情形之一的，人民法院应当裁定终结破产程序，并予以公告：

（一）第三人为债务人提供足额担保或者为债务人清偿全部到期债务的；

（二）债务人已清偿全部到期债务的。

第一百零九条　【别除权】对破产人的特定财产享有担保权的权利人，对该特定财产享有优先受偿的权利。

第一百一十条　【别除权的不完全实现与放弃】享有本法第一百零九条规定权利的债权人行使优先受偿权利未能完全受偿的，其未受偿的债权作为普通债权；放弃优先受偿权利的，其债权作为普通债权。

第二节　变价和分配

第一百一十一条　【破产财产变价方案】管理人应当及时拟订破产财产变价方案，提交债权人会议讨论。

管理人应当按照债权人会议通过的或者人民法院依照本法第六十五条第一款规定裁定的破产财产变价方案，适时变价出售破产财产。

第一百一十二条　【变价出售方式】变价出售破产财产应当通过拍卖进行。但是，债权人会议另有决议的除外。

破产企业可以全部或者部分变价出售。企业变价出售时，可以将其中的无形资产和其他财产单独变价出售。

按照国家规定不能拍卖或者限制转让的财产，应当按照国家规定的方式处理。

第一百一十三条 【破产财产的清偿顺序】破产财产在优先清偿破产费用和共益债务后，依照下列顺序清偿：

（一）破产人所欠职工的工资和医疗、伤残补助、抚恤费用，所欠的应当划入职工个人账户的基本养老保险、基本医疗保险费用，以及法律、行政法规规定应当支付给职工的补偿金；

（二）破产人欠缴的除前项规定以外的社会保险费用和破产人所欠税款；

（三）普通破产债权。

破产财产不足以清偿同一顺序的清偿要求的，按照比例分配。

破产企业的董事、监事和高级管理人员的工资按照该企业职工的平均工资计算。

第一百一十四条 【破产财产的分配方式】破产财产的分配应当以货币分配方式进行。但是，债权人会议另有决议的除外。

第一百一十五条 【破产财产的分配方案】管理人应当及时拟订破产财产分配方案，提交债权人会议讨论。

破产财产分配方案应当载明下列事项：

（一）参加破产财产分配的债权人名称或者姓名、住所；

（二）参加破产财产分配的债权额；

（三）可供分配的破产财产数额；

（四）破产财产分配的顺序、比例及数额；

（五）实施破产财产分配的方法。

债权人会议通过破产财产分配方案后，由管理人将该方案提请人民法院裁定认可。

第一百一十六条 【破产财产分配方案的执行】破产财产分配方案经人民法院裁定认可后，由管理人执行。

管理人按照破产财产分配方案实施多次分配的，应当公告本次分配的财产额和债权额。管理人实施最后分配的，应当在公告中指明，并载明本法第一百一十七条第二款规定的事项。

第一百一十七条 【附条件债权的分配】对于附生效条件或者解

除条件的债权，管理人应当将其分配额提存。

管理人依照前款规定提存的分配额，在最后分配公告日，生效条件未成就或者解除条件成就的，应当分配给其他债权人；在最后分配公告日，生效条件成就或者解除条件未成就的，应当交付给债权人。

第一百一十八条　【未受领的破产财产的分配】债权人未受领的破产财产分配额，管理人应当提存。债权人自最后分配公告之日起满二个月仍不领取的，视为放弃受领分配的权利，管理人或者人民法院应当将提存的分配额分配给其他债权人。

第一百一十九条　【诉讼或仲裁未决债权的分配】破产财产分配时，对于诉讼或者仲裁未决的债权，管理人应当将其分配额提存。自破产程序终结之日起满二年仍不能受领分配的，人民法院应当将提存的分配额分配给其他债权人。

第三节　破产程序的终结

第一百二十条　【破产程序的终结及公告】破产人无财产可供分配的，管理人应当请求人民法院裁定终结破产程序。

管理人在最后分配完结后，应当及时向人民法院提交破产财产分配报告，并提请人民法院裁定终结破产程序。

人民法院应当自收到管理人终结破产程序的请求之日起十五日内作出是否终结破产程序的裁定。裁定终结的，应当予以公告。

第一百二十一条　【破产人的注销登记】管理人应当自破产程序终结之日起十日内，持人民法院终结破产程序的裁定，向破产人的原登记机关办理注销登记。

第一百二十二条　【管理人执行职务的终止】管理人于办理注销登记完毕的次日终止执行职务。但是，存在诉讼或者仲裁未决情况的除外。

第一百二十三条　【破产程序终结后的追加分配】自破产程序依照本法第四十三条第四款或者第一百二十条的规定终结之日起二年内，有下列情形之一的，债权人可以请求人民法院按照破产财产分配方案进行追加分配：

（一）发现有依照本法第三十一条、第三十二条、第三十三条、第三十六条规定应当追回的财产的；

(二）发现破产人有应当供分配的其他财产的。

有前款规定情形，但财产数量不足以支付分配费用的，不再进行追加分配，由人民法院将其上交国库。

第一百二十四条 【对未受偿债权的清偿责任】破产人的保证人和其他连带债务人，在破产程序终结后，对债权人依照破产清算程序未受清偿的债权，依法继续承担清偿责任。

第十一章 法律责任

第一百二十五条 【破产企业董事、监事和高级管理人员的法律责任】企业董事、监事或者高级管理人员违反忠实义务、勤勉义务，致使所在企业破产的，依法承担民事责任。

有前款规定情形的人员，自破产程序终结之日起三年内不得担任任何企业的董事、监事、高级管理人员。

第一百二十六条 【有义务列席债权人会议的债务人的有关人员的法律责任】有义务列席债权人会议的债务人的有关人员，经人民法院传唤，无正当理由拒不列席债权人会议的，人民法院可以拘传，并依法处以罚款。债务人的有关人员违反本法规定，拒不陈述、回答，或者作虚假陈述、回答的，人民法院可以依法处以罚款。

第一百二十七条 【不履行法定义务的直接责任人员的法律责任】债务人违反本法规定，拒不向人民法院提交或者提交不真实的财产状况说明、债务清册、债权清册、有关财务会计报告以及职工工资的支付情况和社会保险费用的缴纳情况的，人民法院可以对直接责任人员依法处以罚款。

债务人违反本法规定，拒不向管理人移交财产、印章和账簿、文书等资料的，或者伪造、销毁有关财产证据材料而使财产状况不明的，人民法院可以对直接责任人员依法处以罚款。

第一百二十八条 【债务人的法定代表人和其他直接责任人员的法律责任】债务人有本法第三十一条、第三十二条、第三十三条规定的行为，损害债权人利益的，债务人的法定代表人和其他直接责任人员依法承担赔偿责任。

第一百二十九条 【债务人的有关人员擅自离开住所地的法律责

任】债务人的有关人员违反本法规定,擅自离开住所地的,人民法院可以予以训诫、拘留,可以依法并处罚款。

第一百三十条 【管理人的法律责任】管理人未依照本法规定勤勉尽责,忠实执行职务的,人民法院可以依法处以罚款;给债权人、债务人或者第三人造成损失的,依法承担赔偿责任。

第一百三十一条 【刑事责任】违反本法规定,构成犯罪的,依法追究刑事责任。

第十二章 附 则

第一百三十二条 【别除权适用的例外】本法施行后,破产人在本法公布之日前所欠职工的工资和医疗、伤残补助、抚恤费用,所欠的应当划入职工个人账户的基本养老保险、基本医疗保险费用,以及法律、行政法规规定应当支付给职工的补偿金,依照本法第一百一十三条的规定清偿后不足以清偿的部分,以本法第一百零九条规定的特定财产优先于对该特定财产享有担保权的权利人受偿。

第一百三十三条 【本法施行前国务院规定范围内企业破产的特别规定】在本法施行前国务院规定的期限和范围内的国有企业实施破产的特殊事宜,按照国务院有关规定办理。

第一百三十四条 【金融机构破产的特别规定】商业银行、证券公司、保险公司等金融机构有本法第二条规定情形的,国务院金融监督管理机构可以向人民法院提出对该金融机构进行重整或者破产清算的申请。国务院金融监督管理机构依法对出现重大经营风险的金融机构采取接管、托管等措施的,可以向人民法院申请中止以该金融机构为被告或者被执行人的民事诉讼程序或者执行程序。

金融机构实施破产的,国务院可以依据本法和其他有关法律的规定制定实施办法。

第一百三十五条 【企业法人以外组织破产的准用规定】其他法律规定企业法人以外的组织的清算,属于破产清算的,参照适用本法规定的程序。

第一百三十六条 【施行日期】本法自 2007 年 6 月 1 日起施行,《中华人民共和国企业破产法(试行)》同时废止。

实用附录：

个人所得税税率表（经营所得适用）

级数	全年应纳税所得额	税率（%）
1	不超过30000元的	5
2	超过30000元至90000元的部分	10
3	超过90000元至300000元的部分	20
4	超过300000元至500000元的部分	30
5	超过500000元的部分	35

（注：本表所称全年应纳税所得额是指依照《个人所得税法》第六条的规定，以每一纳税年度的收入总额减除成本、费用以及损失后的余额。）

企业应纳税所得额计算公式

应纳税所得额=收入总额−（不征税收入+免税收入+允许的各项扣除+允许弥补的以前年度亏损）

企业应纳税额计算公式

应纳税额＝应纳税所得额×适用税率－（根据税收优惠减免的税额＋根据税收优惠抵免的税额）

注：合伙企业以每一个合伙人为纳税义务人。合伙企业合伙人是自然人的，缴纳个人所得税；合伙人是法人和其他组织的，缴纳企业所得税。